直播
启示录

——

吴晓波频道 主编

中国友谊出版公司

图书在版编目（CIP）数据

直播启示录 / 吴晓波频道主编． -- 北京 ：中国友
谊出版公司，2021.5
ISBN 978-7-5057-5196-5

Ⅰ．①直… Ⅱ．①吴… Ⅲ．①网络营销－研究 Ⅳ．
① F713.365.2

中国版本图书馆 CIP 数据核字（2021）第 059764 号

书名　直播启示录
作者　吴晓波频道　主编
出版　中国友谊出版公司
策划　杭州蓝狮子文化创意股份有限公司
发行　杭州飞阅图书有限公司
经销　新华书店
制版　杭州真凯文化艺术有限公司
印刷　杭州钱江彩色印务有限公司
规格　880×1230 毫米　32 开
　　　8.625 印张　150 千字
版次　2021 年 5 月第 1 版
印次　2021 年 5 月第 1 次印刷
书号　ISBN 978-7-5057-5196-5
定价　58.00 元
地址　北京市朝阳区西坝河南里 17 号楼
邮编　100028
电话　（010）64678009

第一章 直播带货：后疫情时代的商业新势力

直播电商：万亿GMV 下的新风口

生态图谱：直播电商产业链群像

第二章 草根逆袭传：屏幕背后的荣耀与非议

第三章　平台三国杀：流量和供应链的争夺战

流量焦虑：平台巨头的进击与隐忧

谁主沉浮：如何在竞争中杀出重围

第四章　明星跨界谈：降维直播带货的惊喜和乱象

出圈与破圈：明星带货有未来吗

0

0

0

0

求新与求变：明星带货下半场比拼

第五章 总裁带货记：直播江湖崛起的新生流量

战绩：不想当主播的销售，不是好CEO

董明珠带货百亿元背后的直播启示

第六章　品牌挑战说：企业的骚动、迷乱与探索

品牌博弈：直播带货浪潮的AB 面

私域电商：品牌做直播的正确姿势

第七章　基地万象集：资本运作下的"网红"经济

MCN 机构：直播电商人、货、场的枢纽

大浪淘沙：MCN 行业的幸存者游戏

自我救赎：MCN 机构的转型与谋变

第一章 直播带货：
后疫情时代的商业新势力

直播电商真正成为一条清晰赛道的历史才短短1年，但它绝对是2020年最激动人心的商业实践。成百上千万的中国小商贩们一改几千年来模糊的面目，借由直播电商，将自己的声音和故事传遍全世界。物物可播，人人可播，处处可播。直播电商正飞速进化，成为投资人和创业者都不能忽视的风口。

直播电商：万亿GMV[1]下的新风口

直播经济：开启数字化零售新时代

突如其来的新冠肺炎疫情，给人们的工作和生活带来了极大的改变。在互联网、移动互联网等技术的辅助下，人们的工作、生活和学习全部实现了线上化——线上直播授课、远程办公、线上购物等。在此环境下，宅经济、无接触经济等一系列新兴业态悄然诞生，开始培育新的消费习惯与工作习惯。

疫情期间，直播电商迎来了新一轮发展热潮，观看直播的用户数量、用户平均观看时长等大幅增长，直播电商也成为各大品牌营销的首选。根据商务部公布的数据，2020年上半年，全国直播电商的场次超过1000万场，活跃主播人数超过40万，观看人次超过500亿，上架商品数量超过了2000万。直播电商已

---

1 GMV（Gross Merchandise Volume，总商品价值量），在电商行业内一般指网站成交金额，包含付款和未付款的部分。——作者注

经成为国民经济增长的新引擎。

根据2020年10月毕马威联合阿里研究院发布的报告《迈向万亿市场的直播电商》，2020年，我国直播电商行业的市场规模将达到10500亿元，直播在电商领域的渗透率也将提升至8.6%。2021年，直播电商将保持高速发展之势，市场规模将达到2万亿元，渗透率将提升至14.3%（见图1-1）。直播电商已经成为国民经济增长的新引擎。

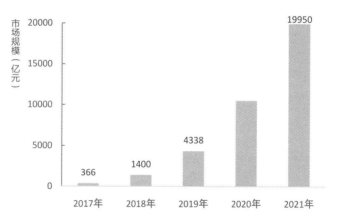

图1-1 2017～2021年我国直播电商市场规模及预测

数据来源：《迈向万亿市场的直播电商》

网络直播是借助互联网或者移动互联网，以视频、音频等方式展示内容，与用户实时互动的一种网络活动。作为一种基础性工具，直播可以与很多业态相结合。根据消费者参与的目的划分，直播可以分为三种类型，一是内容直播，二是社交直播，三是商业直播。每种直播类型又可以细分，如图1-2所示。

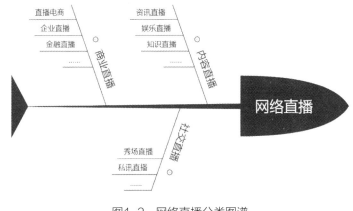

图1-2　网络直播分类图谱

● 内容直播：内容直播指的是以内容消费为目的的网络直播活动，主要目的在于让消费者为内容买单，具体包括娱乐直播、资讯直播、知识直播等。

● 社交直播：社交直播指的是以满足社交需求为目的的网络直播活动，最典型的就是秀场直播。主播通过唱歌、跳舞、聊天等方式吸引用户，与用户互动，满足用户的交友需求。

● 商业直播：商业直播指的是以拉动消费为目的的网络直播活动，常见的有带货直播、金融直播、企业直播等。

直播电商正属于商业直播。经过几年时间的发展，直播电商已经成为数字经济的一种主流商业模式。作为一种新兴的商业形态，直播电商从人、货、场三个维度对零售业进行重塑，引起了社会各界的广泛关注。对于企业来说，如何接入直播电商并借此完成数字化转型，以应对疫情结束后的新经济环境，已经成为最关键的问题。

直播电商归根结底还是电商，作为一种新模式，它在一定程度上也推动着整个电商行业发生改变。

满足了消费者非计划性购物需求

根据尼尔森公司发布的数据，人们很多非计划性的购物需求都可以通过社交过程得到满足。在调查过程中，尼尔森公司发现超过六成的消费者曾在好友的指导下购买原本没有计划购买的商品；超过五成的消费者通过朋友圈链接购买了非计划购买的商品；有三成的消费者在平台KOL（关键意见领袖）的指导下产生了计划之外的购物行为（见图1-3）。

与一、二线城市的消费者相比，低线城市的消费者虽然人均收入不高，但生活成本较低，工作之外的自由时间也比较多。虽然他们对商品价格比较敏感，但敏感度比大城市的消费者要低很多。

非计划性购物场景

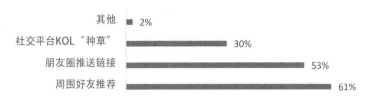

其他　　　　　　　　　　　2%

社交平台KOL"种草"　　　　30%

朋友圈推送链接　　　　　　53%

周围好友推荐　　　　　　　61%

图1-3　非计划性购物场景中的购买行为占比

调查结果显示，低线城市的年轻消费者在购物时虽然会考虑价格、折扣等因素，但好友评价、KOL推荐、品牌效应等，对最终购买决策的影响力更高。也就是说，相较一、二线城市的消费者来说，低线城市消费者的购物决策更容易受到社交平台、KOL等因素的影响。

提高了特殊品类产品的线上渗透率

在电商发展初期，大量标品凭借高效的图文展示实现了高效率售卖。但对非标品或者需要买卖双方协商沟通才能达成交易的产品来说，线上渗透率与成交率一直没有很好的表现。随着直播电商兴起，这类非标品的信息沟通效率与线上渗透率得到了大幅提升。

珠宝玉石是其中的典型代表。通过传统的图文介绍，商家无法将珠宝玉石的特性全面展示出来。因为客单价较高而且没有统一的衡量标准,所以很难获得顾客信任,完成交易。但在直播电商出现之后,通过主播与观众面对面的沟通与交流,珠宝玉石类产品的电商销量有了大幅提升。《2018中国翡翠行业网络消费白皮书》显示,2018年全国翡翠线上交易额为1300亿元,同比增长近8倍,通过直播电商产生的线上交易在总交易额中的占比达到了90%。

加快了供给端产品的开发速度

在直播电商模式下,消费者可以通过评论、弹幕等将自己对商品的喜好展示出来,为供应商深入了解消费者提供了一个有效渠道,促使供应商加快产品开发速度。

以服装行业为例,传统服装行业的主要销售模式是订货会,上新频率大约为每年2~4次,代理商要提前6个月订购新品。在"网红"电商模式下,商家直接与消费者对接,产品上新频率大幅提升,平均每个月可以上新1~2次。进入直播电商阶段,产品上新周期进一步缩短,有些直播间几乎每天都会上新。

总而言之,直播电商的出现解决了很多传统电商无法解决的问题，为一些特殊品类的商品开辟了一条全新的营销渠道，为商家创造了一种全新的流量获取方式，推动传统电商转型升级，帮助实体零售商进入数字化零售的新阶段。

演变路径：直播电商的前世今生

移动互联网基础设施是直播电商的基础，随着这些基础设施逐渐完善，直播电商才得以快速发展。目前，几乎人人都可以利用智能手机实现随时随地上网，各大网络运营商收取的流量费用也变得越来越低，这些都为直播电商的井喷式发展奠定了良好的基础。

但实际上，早在10年前，移动互联网的兴起就已经为直播电商的崛起埋下了种子。

萌芽期（2009~2015年）

2009年11月，社区型女性时尚消费平台"美丽说"正式成立。2011年，一个同类型的平台"蘑菇街"上线。作为内容驱动的导购社区，美丽说和蘑菇街都能实现内容的输出和转化。在这两大平台中，用户不仅可以相互推荐心仪的商品，在商品评论区发表自己的观点，同时还能发布或转发感兴趣的图文内容，并一键分享至微博、QQ、豆瓣等平台，实现引流。

在这些社区内，有价值的内容可以吸引用户观看，从而为平台引入巨大的流量；而导购分佣制又可以吸引大批"网红"、时尚博主、模特等入驻。

随着内容创作者和用户涌入，美丽说、蘑菇街等导购社区逐渐形成了PUGC[1]的内容电商生态。优质内容创作者通过创作内容和推荐商品，吸引用户观看、购买和分享，同时又能获得佣金回报。这些内容创作者正是带货"网红"的前身。

现在直播电商的高转化率令人惊讶，而实际上，图文时代的导购内容同样具有较高的转化率。2012年，美丽说、蘑菇街等平台从淘宝获得的佣金金额高达6亿元，用户转化率约为8%。据不完全统计，美丽说、蘑菇街等导购社区为淘宝贡献了近10%的订单量，是电商实现高转化率的重要补充。

导购社区将消费决策的主权转移到了消费端，吸引了更多商家加入线上商业运营的队列之中，同时也进一步加快了"网

1　PUGC（Professional User Generated Content，专业用户生产内容），是以用户原创内容（UGC）的形式产出的相对接近专业生产内容（PGC）的专业内容。——作者注

红"经济的商业化发展。

探索期（2016~2018年）

随着4G网络不断普及与发展，流量成本越来越低。尽管早期的网络直播兴起于PC（个人电脑）端，但当时的秀场模式始终不温不火。而进入移动互联网时代，直播却成为电商增长的新风口。2016年，快手用户突破3亿，抖音正式上线，这一年也被公认为"移动直播元年"。

对于线上零售生态内的每一个玩家来说，直播和短视频的兴起都是一个难得的机遇。面对这一行业机遇，各个玩家也在及时寻求改变。

2016年3月，蘑菇街正式上线视频直播功能，凭借"网红"资源优势，投入大量资金用于孵化旗下直播艺人，扶持相关的经纪业务。

2016年5月，淘宝推出了自己的直播功能，淘宝直播正式上线。接着，各个综合电商、跨境电商、母婴电商等也纷纷加入直播大军。

有人不禁会问："为什么直播电商不是诞生于淘宝这样的电商平台，而是诞生于蘑菇街这样的导购社区？"实际上，淘宝的定位是货架式电商，平台运营的核心是商品，变现手段是将平台流量售卖给商家。如果让商家通过直播获取私域流量，可能影响平台的变现效率。

一般来说，"网红"经纪公司会将培训合格的"网红"输送给淘宝这样的电商平台，然后电商平台与主播之间会形成雇佣关系，但对淘宝来说，主播始终是一个第三方角色。主播要寻找广告主，只需要在淘宝的微任务平台接单即可，在完成商家发布的推广任务之后，就能获得相应比例的佣金。

2017～2018年，淘宝为了推动直播发展，开始大力扶持平台内的头部主播。不过当时淘宝设定的直播门槛还比较高，只有获得机构认证的主播，才有资格开通直播。后来随着快手、抖音等直播电商平台不断崛起，淘宝很快意识到必须改变对直播的定位，不能让这些新平台成为商家直播带货的首选，而让自己沦为商品的"货架"。于是，淘宝开始降低直播的门槛。

与电商平台不同的是，导购社区的直播带货主要依靠"网红"创造专业内容，在消费者群体中构建信任，缩短消费者的决策时间。因为是站在消费者的角度考虑问题，所以导购社区更容易较早地发现直播的价值，比如通过直播可以更加全面地向消费者展示产品，更容易实现与消费者的实时互动等。

爆发期（2019年～至今）

2019年开始，直播电商的发展进入爆发期，主播数量迅速攀升，观看带货直播的用户规模也急剧壮大。闲来无事打开淘宝或抖音等平台，找到自己喜欢的主播进入直播间，已经成为越来越多用户的习惯。

2019年"双11"期间，淘宝直播频道贡献了近200亿元的交易额。2020年，新冠肺炎疫情的暴发给直播电商的发展带来了一次良机。截至2020年9月，我国网购用户的人数达到了7.49亿，直播电商的用户数量达到了3.09亿，边看直播边下单购物的人群在网购用户中的占比达到了41.3%，在观看直播的用户中的占比达到了55%。

直播电商自出现以来，一直保持着快速发展的态势。在各种扶持政策的加持下，市场规模不断壮大，在带动就业、促进消费、拉动经济增长方面发挥了重要作用。在此形势下，多地政府提出要打造"直播电商之都""直播经济总部基地"等，并围绕直播电商人才的引进出台了一系列方案，制定了相关人才培养政策，在全社会掀起了一场"直播热"，推动直播电商的发展再上新台阶。

认知重构：重新定义"人、货、场"

直播电商一方面能满足用户的娱乐需求，另一方面也能将产品的功能和使用情况快速展示给潜在消费者。这种模式可以增强用户的参与感，激发他们的购买欲望，促成流量转化和变现。同时，潜在消费者也能借助这种模式一边娱乐一边购买产品，既不耽误娱乐，又减少了选择商品的时间和精力。

在直播电商模式下，来娱乐的观众可以变成消费者，直播也能形成购物闭环。直播原本是一种娱乐形式，而直播电商的模式让它转变成了一种生活方式。直播电商模式不仅重构了零售业商业生态，同时也改变了传统电商中人、货、场的配置。

人的重构：开启全民直播时代，主播担纲品宣人

在直播电商模式中，主播具有十分重要的作用。带货主播既是一种媒体，也是一个渠道，同时还是电商交易的入口。可以说，主播是连接商家与消费者的强力纽带。起初，直播电商的主播主要由"网红"担任，例如薇娅、李佳琦等。他们在达成交易、完成转化方面拥有先天优势，能够利用专业技巧将产

品相关知识传播给消费者，凭借自身的人格魅力获得消费者青睐，赢得信任。

但随着直播电商不断发展，主播群体愈加多元化。疫情期间，直播行业掀起了带货热潮，不仅明星、"网红"纷纷加入直播带货行列，就连各个地区的市长、县长也变身网络主播，亲自为家乡带货，实现助农、扶农的公益目的。网络直播间成为各地官员助农、扶农的新战场，"市长/县长+直播+助农/扶农"成为直播电商的新模式。

2020年7月，人社部等发布了9个新职业，"直播销售员"就是其中之一（"互联网营销师"职业下增设的新工种）。在政策的支持下，未来必将有越来越多的人投身直播电商，主播群体将变得更加丰富，主播的功能也将变得愈加规范和完善。

货的重构：回归本质竞争，产品力优势放大

直播电商不是单纯的对传统电商的升级，也不是单纯的对传统电视购物的优化，而是对整个产业链零售链接效能的提升。它不仅提高了商品的线上渗透率，激发了用户的消费需求，还催生了很多适合直播带货的商品，加快了供给端产品开发速度，扩大了个性化定制产品的空间。

严格选品是直播带货的重中之重。优质的产品是获取粉丝信任的根基，因此，直播带货的竞争最终要回归到产品力的竞争。与此同时，直播电商在一定程度上弱化了品牌效应，给新兴的优质产品带来更多机会。主播通过全方位地展示商品，可以放大商品的优势，激发消费者的购买欲望。只要商品的质量过硬，就能产生口碑效益和用户复购，进一步增加商品销量，实现直播变现。

以美妆品牌"完美日记"为例。李佳琦和薇娅两位淘宝头部主播都是完美日记的品牌推荐人，他们在直播间推荐完美日记的美妆产品，都取得了良好的销量。比如在直播带货的热潮中，完美日记的动物眼影盘成功登顶天猫眼影榜首，并长期居于榜单高位。2019年"双11"期间，薇娅在直播间成功助力完美日记的新眼影预售，仅用一场直播就成功带货几十万件眼影产品。

同样是在薇娅的直播间，美国"第一网红"金·卡戴珊的1.5万瓶自有品牌香水在短短1分钟内售罄。直播电商像飓风一般席卷了整个商业界，不仅赋予了新锐国货品牌翻身上位的能量，更是让国外品牌刮目相看。

要想拓展产品和业务的边界，就要通过用户的使用行为洞察其背后的需求，这一逻辑同样适用于直播电商领域。传统电商主要采用文字和图片来描述商品，从而达到宣传和销售目的；直播电商则是以同步视频的方式展示产品使用的真实场景和实际使用情况，将商品的优缺点直观地展现在消费者眼前，同时还能实现主播和消费者实时互动，进行信息交流和情感沟通。

场的重构：创造全新的场景需求，让购物更有温度

企业想要激活流量，既要满足特定场景下的需求，又要创造新的场景需求。更为重要的是，要让直播间与现实生活场景实现无缝衔接。

在疫情期间，"直播电商+公益助农"模式通过直播，带领宅男宅女们"亲临"农产品采摘现场，缓解了他们不能远游的郁闷心情。同时也增加了消费者对产品的信任，利用有温度的双向互动打消他们对食品安全的顾虑，激发他们的购买欲望，增强他们的消费信心。

淘宝直播平台90%的商家利用直播方式对各种需求实现了全面覆盖。不仅如此，淘宝官方直播间还借助镜头，带领广大用户浏览了北京的秀水街、3.3大厦、朝阳大悦城、合生汇、国

贸商城等12家购物商场，实现了"云逛街"。

另外，直播电商也可以借鉴百度App的"云相声""云音乐会""云看展"等形式来创造场景需求。借助这些新形式的直播，为用户提供精神层面的陪伴和支持。

直播电商模式重构了人、货、场，以"货找人"的模式替代了传统电商"人找货"的模式，但其依然没有脱离商业的本质。直播电商模式利用直播的方式再现了店铺的原始形态，主播化身"导购员+模特+客服+产品代言人"的集合体，竞争最终还是会回到产品竞争上来，要保持长期的高销量，依然要靠产品品质说话。而在直播带货过程中，消费者的潜在需求也会不断地得到满足，最终实现共赢。

未来生态：直播电商的发展趋势

直播带货的发展给商业带来了巨大变革，单单用流量的数字是无法阐释其意义的。消费者一方面期待商品有更低的价格，另一方面也期待直播电商行业能产生更多的创新变革，例如直播带货可以基于直播，推动营销方式、商业模式、场景生态等多维度变革，全方位满足市场需求。

5G赋能：技术体验直播电商的未来感

在5G大带宽、低时延的网络环境下，直播时的卡顿、清晰度低、跳转烦琐等问题将得到有效解决，主播可以与粉丝实时互动。另外，5G网络环境下的长视频可以增进用户对产品的了解，让用户跟随主播在不知不觉中完成购买。

2019年，广州移动与广州花都区圣地皮具品牌展贸中心联合举办"直播电商示范基地"签约揭牌仪式暨花都区首届5G+直播电商节活动，试图打造全国最大、最专业的皮具品牌展贸平台，推动皮革产业转型发展。

在这个项目中，广州移动利用5G、云计算、物联网、人工智能、大数据等技术，对4K高清直播互动购物、增强现实/虚拟现实（AR/VR）营销等直播营销方式进行重点探索，推动皮革行业实现创新发展。首先，推动购物模式创新，将5G、VR、AR等技术与直播电商等业务深入融合，创建一个虚拟的购物环境，让消费者清晰地看到衣服颜色、尺寸等信息；其次，推动销售模式创新，以直播平台为基础，通过5G网络将产品细节清晰、直观地展现在消费者面前，切实提升消费者的购物体验。

内容自制IP：构建直播内容生态闭环

抖音平台拥有许多优秀的内容创作者，这是其主要优势所在。为了打造更完善的内容生态，抖音引入了大量"网红"、名人、明星等加入主播行列，同时积极与社会各方开展合作，进一步丰富主播资源。抖音平台在版权保护和头部主播培养方面投入巨大，同时也不忘打造内容创作者IP（知识产权），不断强化内容输出能力，形成紧密连接社区的内容生态闭环。

目前，其他各平台也正在紧锣密鼓地探索和完善各自的直播生态，具体的发力点有扶持商家和机构、孵化超级"网红"、重点扶持中小企业、去中心化等。例如，京东推出"4+2"商家扶持政策，淘宝开启百亿扶持计划，等等。

各大电商希望借助直播生态打造，寻找下一个弯道超车的机会。在这个"内容为王"的时代，各大平台需要充分发挥自身优势来获得高转化率，而主要的发力点是以平台自身为基础，形成完整的内容生态闭环。

品牌直播：重构数字供应链生态

直播电商最显著的标签是"带货"和"销售"，同时它也兼具品牌效应。直播应该成为企业和品牌的一种常态化的营销方式。但是直播电商往往需要"借题发挥"才能形成宣传优势，例如通过事件营销制造话题、通过流量IP引导制造话题等。直播需要承载更多的激活品牌效应的任务，不能仅仅局限在促销卖货的"粗暴"阶段，应该成为一种让品牌实现整合联动的重要营销方式。

想要利用直播生态推动企业或品牌长期发展，必须通过直播建立用户沟通渠道，实现用户的深度沉淀，并根据用户的购买行为和在直播中的反馈挖掘用户需求。然后，要围绕用户需求对供应链提出改进意见，让用户需求指导"货"的升级。与此同时，还要形成人对货的掌控，不仅要建立基于平台大数据的C2M（从消费者到生产者）模式，还要形成基于"直播电商+品牌"的C2M模式，使整个数字供应链生态得以重构。

生态图谱：直播电商产业链群像

直播平台：电商、社交、内容三足鼎立

　　经过几年发展，直播电商的生态逐渐完善，企业、主播、平台、MCN（多频道网络）机构、用户、服务商等角色逐渐丰富，他们各自所承担的职责也愈加清晰。通过相互配合与合作，用户能享受到更优质的消费体验，由此形成了一个活力十足的新生态（见图1-4）。需要强调的是，直播电商的生态系统始终在变化，随着商业模式不断创新，各参与主体与其承担的职责也会不断改变。

　　如前所述，2016年直播电商首次出现，此后一直保持高速发展。据统计，2019年直播电商的整体GMV（成交总额）达到4338亿元，同比增长210%，市场渗透率4.1%，仍有较大的发展空间。未来几年，随着直播电商行业人、货、场规模不断扩大，直播将在整个电商行业实现广泛渗透。

图1-4 直播电商生态产业链

来源：《迈向万亿市场的直播电商》

基于不同的商业属性，平台入局直播电商的路径存在较大差异。目前，我国主要有三类平台在布局直播电商（见表1-1）。

● 以淘宝、京东、拼多多等为代表的传统电商平台。这类平台自行搭建直播板块，为平台商家提供一个全新的营销工具。平台本身汇聚了丰富的商家资源与货源，电商服务体系与消费者权益保护体系比较成熟，平台治理规则也比较完善。

● 以快手、抖音、小红书等为代表的内容平台。这类平台汇聚了大量达人资源与用户流量，通过发展电商业务扩充自己的变现渠道。

● 以微博、微信等为代表的社交平台。这类平台拥有强大的社交优势，汇聚了海量用户，可以调动私域流量，通过发展电商业务将流量转化为商业价值，完成流量变现。

表1-1　直播电商平台与战略布局

平台类型	直播平台	战略布局
电商平台	淘宝直播	2016年3月，直播频道试运营，并于5月更名为"淘宝直播"后正式上线； 2017年12月，推出"超级IP入淘计划"； 2018年3月，淘宝直播入口转移至首屏； 2019年2月，淘宝直播独立App发布，"品牌直播日"上线； 2019年4月，"村播计划"发布； 2020年6月，"6·18"购物节期间，淘宝邀请300多位明星直播带货。
	京东直播	2016年9月，京东直播上线； 2018年11月，京东购物圈小程序上线； 2019年7月，投入10亿元推动"红人孵化计划"； 2020年9月，京东直播宣布推出"超级直播日"系列活动，打造"品牌总裁+超级明星"的直播形式； 2020年9月23日，京东超市与茅台联合打造的"京东中秋茅粉日"正式上线，开启京东直播"超级直播日"首场活动。
	拼多多	2019年11月，拼多多在"百亿补贴"专场首次上线直播卖货； 2020年1月，"多多直播"正式上线，并向全部用户开放； 2020年4月，拼多多"全球购"在义乌综合保税区开启保税仓直播，之后在全国各大综保区陆续开设直播间； 2020年9月，中央广播电视总台联合拼多多共同开启"庆丰收，为老乡拼一单"系列直播活动。

续表

平台类型	直播平台	战略布局
内容平台	快手	2017年，开始尝试直播带货； 2018年6月，上线快手小店，与淘宝、有赞、魔筷合作； 2019年6月，打通拼多多、京东，并借助"魔筷星选"小程序实现微信卖货； 2020年5月，与京东零售达成战略合作，快手平台可享受京东物流和售后服务。
内容平台	抖音	2018年3月，上线抖音购物车功能，开始尝试直播带货； 2018年5月，上线抖音小店； 2019年4月，与京东、网易考拉、唯品会等打通； 2020年6月，正式成立明确命名为"电商"的一级业务部门，上线抖店App，并牵手苏宁合力打造重磅直播电商IP。
社交平台	新浪微博	2014年，布局电商"网红"； 2016年，与阿里合作助力"网红"经济模式； 2019年，推出电商服务平台，与淘宝打通电商直播。
	微信	2020年2月，加码布局直播电商，基于"看点直播"小程序推出"引力播"计划，助力平台商家商业变现； 2020年2月，企业微信发布"群直播"功能，助力疫情期间复学、复工、复产； 2020年8月，微信小商店对企业、个体、个人全面开放，助力其实现"云摆摊"和直播卖货。

随着直播电商表现出强大的变现能力，越来越多的平台开始探索这一模式，主播与用户数量不断增加。在此形势下，各大平台对直播电商的重视程度与日俱增。在现有的各类平台

中，微博最早探索"网红"电商，淘宝、京东等电商平台紧随其后。之后，随着短视频行业逐渐兴起，抖音、快手等平台积累的用户越来越多，也开始尝试通过直播带货来完成流量变现。

目前，直播电商的入口主要分布在淘宝、抖音和快手三个平台。在购物场景方面，淘宝直播有非常明显的优势。因为用户登录淘宝这个行为本身就意味着有比较强烈的购物意愿，因此相较抖音、快手等平台来说，淘宝直播间的下单转化率更高。对于快手、抖音来说，平台积累了大量用户，直播电商又是一条非常有效的变现路径，所以发力直播带货也成为这两大平台商业化的重点。

MCN机构：超级电商主播孵化器

MCN机构是一个专业的达人运营机构，通过汇聚不同类型的PGC（专业生产内容），在资本的支持下持续输出优质内容，实现稳定的商业变现。

MCN机构最早出现在YouTube（油管）平台，主要功能是为YouTube频道提供受众开发、内容编排、创作者协作等增值服务。2007年，YouTube推出合作伙伴计划，满足条件的内容创作者可以申请成为平台的合作伙伴，获得一系列平台权益，包括广告播放与视频订阅的分成。自此，内容变现找到了一种可行的方式，开始不断探索更多的变现渠道。

2009年，以MakerStudios为代表的第一批MCN机构诞生，主要为优质的内容创作者提供资金支持、内容推广、创作培训、合作伙伴管理、数字版权管理等服务，让创作者将精力放在内容创作方面，通过优质的内容获得源源不断的收益。

我国的MCN机构是随着内容产业的蓬勃发展而诞生的，带有鲜明的中国特色，内容类型、内容分发渠道和内容变现模式非常多元，平台之间的竞争也非常激烈。我国MCN机构的角色主要是"中介"，承担着信息沟通的重要功能，商业化变现方式非常多，发展势头非常强劲，发展空间也非常广阔。我国MCN机构与美国MCN机构的对比如表1-2所示。

表1-2　中美MCN机构运营模式比较

	美国MCN	中国MCN
展现形式	YouTube视频	图片、文字、短视频、直播
内容生产	不生产内容，只是将众多内容创作者聚集起来建立频道，帮助其解决推广和变现的问题	参与创作者内容制作过程，同时提供多渠道分发、内容运营、粉丝管理、供应链管理、商业变现等专业支持和服务
内容分发渠道	主要为YouTube提供内容	渠道多样化，涵盖电商、视频、社交、咨询等多类型平台
变现模式	以广告为主	以电商+广告为主

来源：《迈向万亿市场的直播电商》

　　我国MCN机构的发展大致可以分为四个阶段，分别是萌芽期、成长期、爆发期和成熟期。如表1-3所示。

表1-3　MCN机构的发展历程

萌芽期	2009~2014年	• 国外传媒机构争相入局MCN，Maker Studios、Machinima等早期MCN机构被迪士尼和华纳收购 • 国内出现快手视频 • 微博、微信部署生态化战略

续表

成长期	2015～2016年	• 办公室小野、papi酱等多个IP爆红网络 • 资本入场，罗辑思维获B轮融资，估值13.2亿元
爆发期	2017～2018年	• 各大平台推出MCN机构扶持计划 • MCN机构和"网红"数量激增
成熟期	2018年至今	• MCN机构开始谋求转型，打造自有品牌，整合供应链 • 传统传媒和影视机构开始入局MCN

来源：《迈向万亿市场的直播电商》

　　我国MCN机构的爆发式增长出现在2017～2018年。克劳锐统计显示，2018年，我国MCN机构大约有5000家，约为2017年的3倍；2019年MCN机构的数量增至2万家，是2018年的4倍。如图1-5所示。

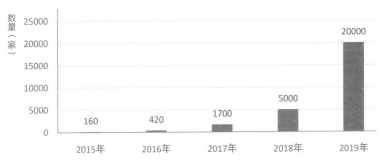

图1-5　2015～2019年我国MCN机构发展情况

资料来源：克劳锐、毕马威

随着消费者的内容消费需求越来越多元化，为了更好地满足这些需求，MCN机构采取了多业态协同发展模式，催生出七大业务形态，具体包括内容生产型、运营型、广告营销型、经纪型、IP授权型、电商型、社群/知识付费型。其中，内容生产型与运营型是两种最基础的模式，其他五种都是变现方式。

在这五种变现方式中，广告营销与电商曾占据主导地位。但这种两分格局随着直播电商的兴起发生了一定的改变，越来越多的MCN机构将直播电商视为最主要的变现方式。有机构曾面向MCN机构做出一次问卷调查，调查发现97%的MCN机构将直播佣金分成作为最主要的变现方式。

根据淘宝、抖音等平台的直播规则，目前直播电商的佣金分成主要有两种模式，一种是专场包场，另一种是整合拼场。变现方式也有两种，一种是"坑位费+佣金"，另一种是纯佣金。目前，佣金分成模式以整合拼场模式为主，变现方式以"坑位费+佣金"为主。佣金分配一般按照总成交额的一定比例计算，例如总成交额的5%或者10%等，各参与方按比例抽成。

在直播电商的整个产业链条中，MCN机构占据着非常重要的位置，核心竞争力主要表现在两个方面：一是达人主播的孵化与运营；二是供应链的打造。

作为"网红"经济的产物，MCN机构想要在直播电商行业激烈的竞争中脱颖而出，必须不断提升核心竞争力。

首先，MCN机构要具有"慧眼识珠"的能力，发现达人的魅力并将其无限放大，要打造相应的垂直圈层，形成达人独特的品牌力；其次，根据达人主播的品牌力与所推销商品的属性制定营销方案，让商品与达人主播实现精准匹配，根据平台属性分发内容，让内容精准触及用户，最终完成流量变现。

以如涵控股为例，该公司的核心经营模式就是打造并运营达人，已经形成了比较成熟的达人孵化模式。据统计，该公司签约达人168位。新人签约后会有6～8个月的试用期，在此期间，公司会从多个方面对达人进行培训，包括摄像摄影、视频剪辑、服饰穿搭、美妆护肤、电商运营、供应链等。

在培训过程中，讲师会发现达人的特点，并根据其特点为其打造专有人设。试用期结束后，公司会从活跃度、魅力值、抗压力等方面对达人进行能力评估，然后再对达人的吸粉能力、带货能力进行量化评估，表现优秀者获得正式签约。

直播电商的核心非常明确，就是推销商品并成交。因此，电商型MCN机构想要在激烈的行业竞争中脱颖而出，必须提升选品能力，严格把控货源质量，时时关注商品价格与物流动态，提高供应链管理与运营能力。

例如，有些MCN机构为了凭借低价取胜，通常会直接与供应商上游企业直接对接，缩减中间环节，减少流通成本，借此获得较低的商品价格，打出"全网最低价"的口号。这样对上游供应链进行整合，可以有效提高毛利率，降低营销成本，凭借低价优势持续获客。

以谦寻文化为例，该公司的核心竞争力就源于供应链。为了进一步增强自己的供应链能力，谦寻文化打造了"超级供应链基地"。谦寻文化会邀请商家进入基地展示商品，展示方式有两种，即专柜展示和普通货架展示。商家可以自由选择展示方式，并根据不同的展示方式支付相应的服务费用。

该模式的运作逻辑就是利用头部主播吸引优质商家，然后将优质的产品资源输送给中腰部主播或者新人主播，保证这些主播可以为用户提供优质的商品与服务，从而不断提升自己的商业价值，向头部主播梯队进发。

带货主播："网红"与明星的"破圈"

2020年7月，人力资源和社会保障部、国家市场监管总局、国家统计局联合发布了9个新职业，其中包括"互联网营销师"，并且在这一职业下增设"直播销售员"工种。这一新职位的发布代表着直播电商和带货直播获得了国家认可，带货主播也有了正式的称谓。

与所有零售模式一样，直播电商由人、货、场组成，但是人在其中占据核心地位。这里的"人"，指的就是主播。在"网红"经济的作用下，"人"这一要素已经被大众所熟知。"网红"是数字经济的产物，随着直播行业不断发展，部分"网红"逐渐转变身份，成为达人主播，试图通过直播带货的方式完成流量变现。

达人主播可以分为两种类型，一种是内容创作类主播，另一种是电商卖货类主播。内容创作类主播指的是KOL，他们利用掌握的专业知识输出有价值的内容，例如漫画、美妆、穿搭、影评等，带有较强的娱乐属性。电商类主播指的是商品销售员，他们利用所掌握的商品销售技巧在线上开展一对多销售，带有鲜明的商业属性。

目前，电商类主播可以分为三个级别，即头部主播、腰部主播和尾部主播。不同级别的主播在产品带货与品牌营销方面具有不同的功能，具体分析如下。

- 头部主播的数量较少，粉丝规模相对较大，而且具有极强的号召力与影响力，适合发布新品，为品牌造势。

- 腰部主播拥有一定规模的粉丝，号召力与影响力相对较强，核心优势在于性价比高，适合通过多个渠道传播品牌的营销信息，扩大信息的覆盖范围。

- 尾部主播的粉丝规模相对较小，影响力与号召力比较弱，适合作为辅助分发渠道，对营销信息进行二次传播。

随着直播电商行业的竞争愈演愈烈，为了提高粉丝留存率，获得较为稳定的收入，很多主播都是高强度地工作，昼夜颠倒成为直播电商行业的常态。因为大多数用户观看直播的时间在晚上，因此大部分主播将直播时间固定在晚上7点至凌晨这个时间段。头部主播的直播时长大约为3~4个小时，腰部主播、尾部主播的直播时长达7~8个小时，基本全年无休。除了直播，主播还要参与选品、准备直播内容、调试设备、直播复盘等活动，每天的工作时长达十几个小时。

目前，直播电商行业存在明显的马太效应。根据艾媒咨询（iiMedia）发布的数据，在主播队伍中，头部主播占比只有2.16%，但销售额占比达到了80%，导致90%的腰部、尾部主播生存艰难。为了缓解主播市场两极分化趋势，商家可以自己培养主播进行带货直播，降低红人主播的投放成本，直接让利消费者。商家直播吸引消费者的关键在于品牌价值和商品质量，这一点与凭借人设形成IP的红人直播存在明显区别。

2020年"6·18"购物节期间，淘宝平台上线直播的商家数量同比增长了160%；在天猫直播总场次中，商家自播的场次占比超过了90%。淘宝15个成交额过亿的直播间中，商家自播直播间占到了9个。

与此同时，一些明星也开始下场直播，吸引了大量流量。2019年下半年，一部分明星以嘉宾的身份出现在薇娅、李佳琦等头部主播的直播间，尝试参与带货直播。头部主播的带货力与明星的粉丝力相结合，创造了很多销售奇迹。除此之外，还有一些明星直接入驻直播带货平台，例如刘涛入驻淘宝、陈赫入驻抖音等，明星带货逐渐常态化。

为了充分发挥明星对直播的引流作用，2020年"6·18"购物节期间，淘宝邀请了300多位明星助阵，包括欧阳娜娜、华晨宇、宋威龙等，开启了明星带货潮；聚划算与刘涛、陈好等明星携手推出"聚划算百亿补贴"活动，并为她们打造专属直播间。面对阿里系的一系列动作，京东也不甘示弱，邀请数百位嘉宾启动"明星盛典"。除了电商平台，快手签约张雨绮担任快手电商代言人，抖音也邀请了罗永浩、陈赫、张庭等明星入驻。

明星带货虽然有粉丝效应加持，但想要获得长久的成功，必须和红人主播、商家自播一样满足以下三个条件：

● 人设契合：主播人设与品牌形象契合。例如，李佳琦的人设为"口红一哥"，所以其直播的产品以美妆产品居多。

● 专业知识：因为直播电商具有强营销属性，所以主播必须具备专业销售能力。从本质上看，直播电商就是"一对多"的销售活动，主播必须将产品的核心卖点、功能优势、使用感受呈现出来。这就要求主播必须掌握专业的产品知识与销售技能，凭借自己的专业能力获取消费者的信任，说服消费者购买。

● 口才表达：在直播带货过程中，主播主要通过语言表达说服消费者下单，所以必须具备较强的口才表达能力。语言要具备较强的感染力、共情力与一定的节奏感，让消费者在不知不觉中下单购买。

面对迅猛发展的直播带货潮，"网红"和明星都想参与其中分一杯羹。随着入场的人越来越多，行业竞争必将愈演愈烈。为了增强自己的竞争力，无论是明星主播还是"网红"主播，都必须遵守平台规则，打造专属人设，不断丰富自己的专业知识，提升口才表达能力，甚至要逐渐探索形成自己的直播特色与风格。

品牌和商家：回归品牌营销的本质

在直播电商活动中，品牌商/商家是产品与服务的提供者。对于品牌商/商家来说，如何获得精准的流量，提高产品销量与销售额，是一个永恒的问题。受新冠肺炎疫情影响，2020年上半年，很多品牌的线下营销活动无疾而终。为了获取更多流量，维持生存与发展，品牌开始将目光转向线上，希望通过直播获得成本相对较低的流量及较高的投资回报率，实现品牌自救。那么对于品牌和商家来说，直播电商究竟能给他们带来什么益处？随着直播电商不断发展，品牌及商家又将何去何从？

直播电商助推品牌营销

对于企业来说，品牌是非常重要的资产，只有树立良好的品牌形象才能增强顾客信任，促成交易。品牌营销就是将品牌形象根植于消费者心中，增强消费者对品牌的黏性，将消费者转变为品牌的代言人，带动周围的人购买品牌产品。过去，品牌营销最常用的方式就是发布广告，直播电商的出现为品牌营销开辟了一条新渠道。具体来看，对于品牌营销来说，直播电商的价值主要表现在以下两个方面。

● 提高消费者对品牌的体验。品牌线上营销最常使用的方法就是利用图文对产品进行描述，虽然有些品牌会使用短视频来介绍产品，但依然无法将产品的各种细节、使用方法、注意事项等清楚、完整地告知消费者。直播很好地解决了这一问题，不仅可以全方位展示产品，还能改善消费者线上购物的体验。如果直播产品能够在消费者心目中留下良好的印象，品牌形象自然可以得到有效提升。

● 提高品牌曝光率。品牌曝光率是品牌营销的一个重要指标，只有提高曝光率，品牌营销才能达到预期效果。现如今，直播平台已经成为新的流量基地，汇聚了海量消费者。品牌通过直播平台进行直播，必然可以利用平台流量提高曝光率，对品牌形象塑造产生积极的推动作用。

直播电商可能给品牌带来的问题

对于品牌、商家来说，直播电商是一把双刃剑。一方面，直播电商可以对品牌形象的塑造产生积极的促进作用，但另一方面，品牌也不得不面临一些问题。

首先，直播带货模式不可持续。主播为了提高产品销量，增强粉丝黏性，会不断压低产品价格，持续的低价会导致品牌的价格体系崩溃，不利于后续营销活动的开展。而且在带货直播的过程中，主播既代表品牌方，也代表粉丝，大多会以粉丝利益为先，因为这样才会受到粉丝的拥护。如果品牌在与主播博弈的过程中无法满足主播的需求，很有可能丧失大批粉丝的信任，导致品牌形象受损。

其次，虽然主播群体的规模在不断扩大，但头部主播依然是稀缺资源。为了与头部主播合作，品牌有时不得不自降身价。很多时候，一场直播下来，虽然产品销量暴增，但经过主播、MCN机构、平台的层层盘剥之后，品牌得到的利润所剩无几，甚至还有可能面临亏损。从结果来看，直播电商给消费者带来了实惠，给主播、直播机构带来了利润，给品牌带来了一定的曝光，但这种曝光转瞬即逝，无法长久。

回归品牌营销的基本面

品牌营销想要摆脱直播电商的桎梏，还是要回到品牌营销的本质上来，即为用户创造价值。

● 让产品说话。品牌要不断提升产品质量，精益求精，持续迭代，带给用户不断优化的体验，切实满足用户需求。

● 品效合一。品牌广告要突出产品定位与核心卖点，效果广告要吸引目标用户群体，提升转化，达到品效合一的目的，为品牌源源不断地提供流量。

● 变化与发展。品牌要主动调整战略，适应时代的发展与变化，以发展的眼光看待经济环境的变化和传媒媒介的变更，以包容的姿态拥抱变化，从而实现可持续发展。

无论如何，随着直播电商不断发展，加入直播带货阵营的品牌必将越来越多。在这种情况下，品牌必须保持理智，先明确做直播电商的目的，究竟是增加产品销量，还是提高品牌知名度。只有目的明确，才能达到预期效果。

第二章 草根逆袭传：

屏幕背后的荣耀与非议

在中国20年互联网的发展史上，如果说有草根狂欢时刻的话，那么有两个。第一个是2009年新浪微博的出现，第二个就是2020年直播电商的出现。在直播电商的舞台上，出现了形形色色的草根创业者，他们以完全不同的面目、前所未见的营销模式和呈现方式，突然出现在亿万消费者的面前，然后把全中国各种各样的商品带给你。在这个过程中，出现了种种的质疑，种种的焦虑和种种的喧嚣。

草根狂欢：电商带货主播的全盛时代

流量迁徙："网红"经济进化论

随着"网红"行业的快速发展，"网红"经济也在飞速提升。作为一种特殊的商业模式，"网红"经济的原理是："网红"通过在网络上进行自我宣传获得粉丝关注，并利用自身的知名度进行变现，从而获得一定的经济利益。"网红"的核心是影响力，他们可以作为KOL或KOC（关键意见消费者）来为粉丝推荐产品。

在人口、技术、产业等的推动下，"网红"经济获得了快速发展，正在对流量、渠道、营销、商业模式等产生深远影响。

流量格局的重构

"网红"经济重构了流量模式。在"网红"经济的推动下，用户的注意力逐渐转移到了短视频、直播等领域，在这些内容消费上花费的时间越来越多。碎片化场景细化了流量结构，带动了私域流量的兴起。

《2020中国网络视听发展研究报告》显示，截至2020年6月，我国网络视听用户规模达9.01亿，较2020年3月增长了4380万。在各个细分领域，短视频的用户使用率最高，达87.0%，用户规模8.18亿；我国网络直播用户规模达5.62亿，其中直播电商用户规模为3.09亿，是2020年增长最快的互联网应用。

零售渠道的变迁

传统零售模式是"人找货"，而随着"网红"经济不断发展，零售模式正向"货找人"的方向转变。流量日益分散是开启"货找人"时代的关键要素，这同时也推动了渠道端竞争格局的重塑。未来，销售渠道的发展主要取决于对消费者的运营能力。直播电商作为一种新渠道模式，不仅具有"所见即所得"的互动性，同时也具有"面对面"的即时性，这些优势正是其快速崛起的动力。

在"网红"经济时代，零售渠道的链条大大缩短，品牌或产地可以直接与消费者对接，传统的层层分销体系在一定程度上被改变，产业链效率得到了极大的提升。例如，随着直播电商的发展，农产品直播日益流行，因为这种渠道模式将有效缩短农产品流通的中间环节，帮助消费者更便捷地深入产品源头、了解生产细节。不仅可以提升消费者的信任度，还可以降低产品的加价率。

商品C2M模式也是"网红"经济的产物，这一模式也在"网红"经济的支持下不断向前发展。红人主播可以通过直播等方式收集消费者的需求信息，告知品牌方和厂商，使其能及时了解终端的需求变化，从而实现商品的精准研发设计与按需生产，使整个产业链的效率得到有效提升。

"网红"经济可以推动传统零售和新式电商持续融合与进化。随着新零售行业不断崛起，传统零售将通过缩短链条、提升效率、重构生态等方式，实现深度变革。

超级主播：资本浪潮下的进击

直播电商的风口，造就了薇娅、李佳琦等一批超级主播，他们不仅在直播带货方面体现出了明显的马太效应，更引发了资本化的浪潮。

2020年一开始，带货主播们便相继牵手A股上市公司，开展多种方式的合作。而这些上市公司在搭上直播电商的列车后，股价也纷纷顺势上涨。那么，由"带货"到"带股"，主播资本化浪潮，究竟意味着什么呢？

"电商主播概念股"的诞生

在众多超级主播中，最先与上市公司合作的是美妆主播李佳琦。2020年1月，李佳琦所属的美腕（上海）网络科技有限公司（以下简称"美腕网络"）与上市公司新文化达成合作。

双方约定的合作方式为：2020年全年，由新文化为美腕网络旗下艺人李佳琦提供整合营销方案，通过户外LED、机场显示屏等多种渠道进行针对性营销，以提高李佳琦的曝光度和影响力。合作签协议订后，新文化的股价接连取得了5个涨停板，由单股5.26元一路上升至8.58元。

美腕网络与新文化的合作也让"电商主播概念股"横空出世。2020年5月"淘宝第一女主播"薇娅也与上市公司梦洁股份签署了战略合作协议：在直播带货层面，梦洁股份的产品将提高进入薇娅直播间的频次，以提升品牌的知名度和产品销量；此外，双方还计划根据粉丝需求进行产品开发。

与美腕网络与新文化的合作类似，梦洁股份在发布与薇娅合作的消息后，股价也接连涨停，由每股4.65元飙升至9.80元。

明星主播的资本化路径

与李佳琦和薇娅不同，"快手一哥"辛巴并非简单地与上市公司合作，而是通过直接入股的方式与上市公司形成更加紧密的关联。

2020年9月，辛巴巨资入股起步股份，持股95%；2020年10月，辛巴团队再次亮相资本市场，以1元的价格收购盛讯达控股子公司盛讯云商49%的股份并整体入驻运营，而盛讯达分3年以17.53元/股的价格授予辛巴团队共计840万股的激励股权。

从表面来看，起步股份是一家以设计、研发、生产和销售童鞋、童装和儿童服饰配饰等为主的国内儿童用品行业知名品牌运营商，带货主播入股似乎并不违和。而盛讯达是一家主营移动游戏研发和运营的公司，似乎与直播电商行业重合较少。实际上，辛巴团队的目的在于借入股子公司成为上市公司的一员，进而通过限制性股票激励的方式，以折扣价格获取上市公司的股权，即曲线入股上市公司。

作为快手最著名的主播，截至2020年11月底，辛巴拥有的粉丝量超过7000万，其在2020年"双11"购物节启动当天的销售额更是达到了18.8亿元，稳居直播带货销售额榜前列。为了引入辛巴团队，盛迅达制定了一份"打五折"的限制性股票激励计划：拟授予的限制性股票数量占公司总股本的9%，即840.06万股，激励对象共计12人，全部为在公司控股子公司盛讯云商任职的高级管理人员、核心业务人员和核心技术人员。

但为了获得收益，辛巴团队也需要完成盛讯云商公司层面的业绩考核和个人层面的绩效考核。为此，辛巴团队承诺2020年、2021年和2022年分别实现净利润2000万元、2.2亿元和2.6亿元，即3年总利润5亿元，而这一数字约为盛迅达过去5年净利润总和的12倍。

虽然此次合作的双方都需要承担一定的风险，但与"网红"主播通过知名度进行资源置换的方式不同，辛巴与盛迅达的合作在"超级主播+上市公司"领域进行了更具有创新性的探索。

泛主播概念股：资本化浪潮或将开启

在与头部主播建立联系后，泛主播概念股迅速受到资本市场的追捧。

在试水之初，超级主播与上市公司之间基本维持在渠道合作的层面，并没有建立深入的战略合作，这实际上可以算主播资本化的第一个阶段，即上市公司利用主播卖货或进行基本的资源置换。而辛巴入股起步股份和盛讯达，则可以算作主播资本化的第二个阶段，合作不仅限于直播卖货的层面，而是探索供应链管理、MCN前后端产业链等更多的领域，寻求深度资源捆绑。

直播电商目前虽然处于粗放式发展阶段，但仍然表现出了强大的发展势头，吸引了大量资本方的关注。薇娅、李佳琦、辛巴等超级主播与资本市场的合作，必然会吸引更多头部主播探索与上市公司之间的深层业务往来。通过这样的方式，不仅直播电商行业能够借助资本的力量迅速发展壮大，主播个人也能够进一步获得价值变现，直播带货领域也许会催生出更多创新可能。

日进斗金：坑位费+CPS佣金

品牌商与带货主播在洽谈合作时，通常会把主播的直播时长、直播时间段、推荐商品种类、商品口播次数、基础底薪（坑位费）、商品销售提成（CPS佣金）等细节敲定下来。在这个过程中，平台不会参与谈价，商家只要和主播自行协商好价格就能达成合作。

目前，电商主播与品牌商家通常会采用"底薪+提成"的方式进行合作。用主播的行话来说，就是以收取坑位费和CPS（按销售额付费）佣金的方式合作。

坑位费又叫"上架费"或"发布费"。直播带货强大的变现能力吸引了很多品牌和商家，等待进入直播间的商品非常多，而主播的直播时间有限，尤其是头部主播。在这种供需不对等的情况下，商家想要让自己的商品进入头部主播、达人主播的直播间，就要向主播支付一定的服务费，这个费用就被称为坑位费。

坑位费与最终的商品销量或销售额无关，只要商家选择主播带货，就要支付。一般来说，主播的坑位费是一个固定的金额。主播的级别不同，粉丝规模不同，收取坑位费的标准也不同。有的粉丝数量比较少的小主播的坑位费大约只要几千元，头部主播的坑位费达几十万元。因此，在某种程度上，坑位费代表了主播在整个行业的地位。

头部主播的坑位费之所以居高不下，关键原因有两点：第一，主播可以保证产品销量，让商家获得实实在在的收益；第二，即便产品销量不佳，也能给品牌带来较高的曝光量，提高品牌的知名度。因此，很多商家都将坑位费视为塑造品牌影响力的广告费。

以某MCN机构提供的坑位费标准为例，主播的粉丝规模在20万以上，坑位费大约为3000～5000元。主播的粉丝数量越多，坑位费越高，可能需要几万、十几万甚至几十万元。目前，这家机构所有主播的坑位都已售罄，中上等级的主播每天服务10～15家企业，日均收取坑位费3万～7.5万元，每个主播每个月的坑位费营收就能达到90万～210万元。

CPS佣金即主播按照最终销售成绩获取一定比例的佣金。大多数主播的佣金占比在20%～40%。例如，在"双11"期间，某头部主播推荐零食产品的坑位费为6万元，佣金比例20%起；推荐美妆、生活类产品的坑位费会根据佣金率的高低采用不同的收费标准，起步价一般为15万元。但主播还需要与自己背后的MCN机构和团队分成，剩下的才是最终收入。大多数头部主播都会拒绝以纯佣金的方式与商家合作，除非产品特别好，价格足够有吸引力，品牌影响力足够大。

电商主播高昂的坑位费引起了广泛关注，很多人因此想成为带货主播，认为直播电商是一个暴利行业，甚至将带货主播直接默认为广告代言人。

但实际上，绝大部分主播不是专业化的职业主播。例如，在淘宝平台，85.7%的直播活动是商家自主开展的，主播可能是店铺老板，也可能是店铺的客服、导购或者老板聘请的主播。从法律角度看，该场景下的主播与线下商场的导购别无二致。这种主播不仅不收取坑位费，更不收取CPS佣金，而是像普通员工一样领取工资，根本不能被视为广告代言人。

而即使是职业主播，也不是都有收取坑位费的资格。在淘宝剩余的14.3%的职业带货主播中，不是所有的主播都有资格收取坑位费。能够收取坑位费的头部主播、达人主播大约只占5%，大部分主播只能按照最终的成交额收取CPS佣金。

另外，从法律角度看，主播收取固定坑位费的行为虽然类似广告代言人，都会从品牌方获得固定的报酬来推销品牌商品；但广告代言人只收取代言费，不会从产品最终销售额中抽取佣金，从这一点来看，主播又与广告代言人有所区别。广告代言人的代言费与自身的影响力有关，与产品最终销量无关。而且广告短片会提前录制好，在固定的平台重复播放，而直播带货属于现场直播，往往是一次性的。

如果直播带货发生在电商平台，从场景的角度来说，直播带货也不属于商业广告的范畴。即便是电商平台上的直播带货，现场直播卖货也应属于销售活动，只有将直播过程录制下来反复播放以对商品进行宣传，才可能被视为商业广告。如果是发生在抖音、快手等非电商平台，将流量引至电商平台，这种商业宣传与交易分离的直播活动有可能满足广告法的调整范围，被视为商业广告。

所以，直播电商不属于商业广告，但这不意味着这些行为不受法律约束。因此，在前期策划、设计、编辑、制作的过程中，相关人员必须严格遵守相关的法律法规，以免触犯法律，受到惩戒。

理想与现实：草根主播众生相

随着直播电商越发火爆，直播行业的两极分化也成为一个热议话题。一边是头部主播月入百万，一边是中小主播难以糊口。在日复一日的磋磨中，很多人迷失了自己的方向，忘记了进入这个行业的初心。但也有人因为直播改变了自己的命运，在追梦的道路上一往无前。直播电商，这个汇聚了万千从业者的行业，展现了最现实的人生百态。

朱瓜瓜：光鲜背后是你看不到的拼命

随着抖音直播带货的热度越来越高，朱瓜瓜这个名字在各类直播报道中出现的频率也越来越高。凭借多次登上抖音榜单首位的超强战绩，朱瓜瓜被冠以"抖音一姐"的称号，曾在完美日记的专场直播中取得带货3500万元的销售成绩。据统计，2020年6月，朱瓜瓜一共在抖音平台做了11场带货直播，带货总额1.06亿元，平均每场直播的销售额为1045.3万元，累计获得音浪64.3万。

其实，从微商到主播，从快手到抖音，朱瓜瓜一路走来也遇到了很多困难。2017年从微商转战快手后，她通过吃播短视频快速积累了一批粉丝，之后开始尝试直播带货。但因为快手平台粉丝质量不稳定，流失速度过快，而且持续消费能力较差，朱瓜瓜决定转战抖音。在积累了一定规模的粉丝之后，2020年4月，朱瓜瓜开始在抖音进行品牌专场直播，先后与自然堂、松下、卡姿兰、浪莎、3CE、珀莱雅、丸美等品牌合作，创下了单场成交额500万元、1000万元、1500万元、3000万元等纪录。

鲜花和掌声的背后，是不分昼夜的辛劳。为了能够拿到最低价，将产品更真实地展现给屏幕前的观众，直播前两天要做准备工作，朱瓜瓜经常忙到凌晨三四点钟。直播当天的工作量更大，除正常的直播，结束后还要复盘，她回到家中躺到床上，就已经到了黎明时分。再加上直播行业的竞争非常激烈，全年无休、带病直播已经成为常态。2020年春节期间，朱瓜瓜的直播间只休息了一天，"从大年初二开始，初三、初四、初五一直到元宵节，一天都没有停过"。很多人都羡慕头部主播超强的带货能力及超高的收入，但通往荣誉的道路上并不都是铺满了鲜花。

小关老师：不立人设的美食"带盐人"[1]

在直播带货风靡的当下，产地直播已经司空见惯。为了寻找高品质的食材，一些主播会深入产地，将产品的生产过程展示给受众，带给受众高品质的购买体验，一位名叫"小关老师"的主播就是这样做的。米其林三星厨师出身的他对美食有独到的见解，对食材品质的把控更易获得消费者的信任。

2019年2月，小关老师在抖音发布了第一条短视频，迄今为

1　"小关老师"曾用抖音账号的昵称是"带盐人小关老师"。——作者注

止，他已经在抖音平台发布了700多条短视频，吸引粉丝520多万，部分短视频获赞上万次。在直播电商的风口下，他开始尝试直播带货，原切牛排、大闸蟹、黄金鱼子酱等罕见的高端食材直播，吸引了大量观众，成交额非常可观。这位三星厨师凭借高超的烹饪技术及超强的带货能力，在美食直播带货领域开辟了自己的一番天地。

近年来美食领域的竞争愈演愈烈，小关老师之所以能成为这个领域的佼佼者，主要源于两点。

第一，真实。很多人认为，做短视频、直播必须打造一个独特的人设，给粉丝留下深刻的印象。对这一点，小关老师不以为然。在他看来，无论短视频还是直播，真实是最重要的，只有用最真诚的态度面对观众和粉丝，才能获得认可与信任。所以，小关老师一直坚持在一个居家风格的厨房取景，镜头中总会出现一些简单实用的厨具、做菜必备的食材，风格非常简约。而且，短视频不做过多剪辑，力争为观众呈现最真实、流畅的烹饪过程。他的直播也延续了这种风格，不会用多么精彩的语言来介绍产品，坚持将产品最真实的面貌呈现给粉丝。

第二，专业。小关老师最擅长处理牛排，所以他会在直播中教粉丝辨别不同牛排的品相，向粉丝展示牛排烹饪细节，鼓励粉丝亲自动手制作一份牛排大餐。除此之外，他的专业性还体现在供应链构建上：不远万里前往大闸蟹产地为粉丝精心挑选大闸蟹，穿着连体裤下池塘捕虾，前往小龙虾生产工厂为粉丝展示小龙虾的制作过程等。这种专业的态度与行为自然而然地让小关老师形成了自己独特的风格，收获了大批粉丝。

在抖音平台甚至在整个直播行业，像小关老师这样在垂直领域深耕，凭借专业知识与能力吸引粉丝的主播越来越多。对于这类主播来说，直播带货不是一种单纯的买卖活动，而是与粉丝交流互动，向粉丝传递专业知识、输出优质产品的过程。

少嫚：无声直播间的圆梦之旅

在大多数人的印象中，直播间应该热火朝天，主播感情饱满地介绍产品，留言区的评论不断翻滚，从听觉、视觉多重维度刺激消费者的购买热情。但在考拉海购有这样一个特殊的直播间，没有声音，只有一位漂亮的主播用手语向大家介绍产品，用户按需购买，那种安静的氛围莫名地令人感动。

这位漂亮的女主播叫少嫚，3岁那年的一场药物中毒让她失去了听觉。虽然无法与人正常交流，但少嫚找到了属于自己的快乐，她读书、绘画、阅读，并如愿地读了自己喜欢的设计专业。毕业后，她进入王星记扇厂，成为一名专业的扇面绘画师，每天绘画百把扇子，月工资4000~5000元。工资虽然不高，但足以温饱。

突然暴发的新冠肺炎疫情给很多行业造成了巨大冲击，王星记扇厂也在其中。由于扇厂生意不佳，爱人失业，少嫚想找份工作为爱人分担生活的压力，但对于她这样的失聪人士来说，找工作并不容易。在看到李佳琦的直播之后，少嫚突发奇想地想成为一名主播。在丈夫的支持下，2020年9月27日，国际聋人日当天，少嫚走进考拉海购爬树TV无声直播间，开始了第一场直播。

虽然过程艰难，但这场特殊的直播吸引了很多"听人"（"听人"是听障者对普通人的称呼）前来观看。虽然只有几千人，但少嫚感到非常开心。在直播过程中，少嫚还通过抽奖的方式送出了两把自己绘制的扇子，和粉丝实现了友好互动，这种互动对于少嫚来说异常珍贵。对于少嫚来说，这个小小的无声直播间帮她打破了圈层，助她走上了圆梦之旅。

在整个直播行业，除了成交额动辄千万的头部主播，剩下的大多是寂寂无名、在白天与黑夜的颠倒中苦苦挣扎的中小主播。"连续直播几个小时，即便生病打点滴也要坚持直播"，这种现象在中小主播群体中早已司空见惯。

很多中小主播面临的另一困境是，直播收入本就不多，还要和平台分成，辛苦一番最终只能赚个零花钱。虽然随着行业规则不断完善，各大平台的分成模式逐渐成熟，这一问题将逐渐改善，高质量的主播可以获得高收入，但这一切都需要时间。在这个过程中，或许大批主播已经倒在了路上。

如果将直播带货比作一个围城，城外的人拼命地想进来，城里的人却已经归于冷静，逐渐认识到"主播收入并非如外界传言的可轻易过万，更多的收入数据源于平台头部主播，行业水平实质上参差不齐"，从而对这个行业产生了更深入的思考，并且开始谋求改变。

直播电商的发展为草根群体提供了一条进阶之路，原本的普通人凭借直播带货一举成名，收获百万级乃至千万级的粉丝。现实是，我们不能否认直播带货是一个"日进斗金"的行业，但那只是对于极少数的头部主播而言，不知道有多少人进入这个行业时怀揣着一夜暴富、一夜成名的梦想，最终在苦苦挣扎之后落寞退场。

其实，直播带货行业的两极分化就是平台流量和品牌资源的两极分化，反映了直播电商行业缺乏内容创新这一事实。相信随着政府监管力度的加强，行业运营模式的成熟，带货经济会逐渐回归理性。届时，主播进入这个行业的目的会变得更加清晰，或许是"因为热爱所以分享"，或许是"只想让大家买到好货"。到那时，带货主播可能会变成一个稀松平常的职业，不再有造富神话，也不再拒绝任何一名怀揣热爱与梦想的人。

特色主播：直播带货的"中国故事"

银发主播IP是如何炼成的

原本，在大众认知中，直播带货、品牌植入似乎只属于年轻人，但疫情期间出现的"只穿高跟鞋的汪奶奶""老北京大妈""我是田姥姥"等银发主播颠覆了这一常规认知。根据2020年10月阿里巴巴发布的《老年人数字生活报告》，疫情期间，60岁以上老龄人口触网的速度远超其他年龄组，消费增速仅次于"00后"，位列第二名。

面对薇娅、李佳琦等主播行业的"天花板"，一些MCN机构开始另辟蹊径，尝试打造"银发薇娅""银发李佳琦"。

"银发李佳琦"：汪奶奶的超级IP打造记

2020年6月18日，抖音账号"只穿高跟鞋的汪奶奶"凭借一支舞蹈热度飙升。她高雅的气质、利落的动作赢得了满堂彩，获得22.4万个赞及8270条评论。汪奶奶在抖音发布的每一条视频都穿着修身长裙和高跟鞋，喜欢称呼粉丝为"小闺蜜"，经常温和地教导小闺蜜们要自律、自爱。在短短半年的时间内，"只穿高跟鞋的汪奶奶"就收获了1500多万粉丝。

随着用户对年轻主播呈现的同质化内容感到厌倦，以汪奶奶为代表的银发主播凭借亲和的形象、符合传统的认知、时尚的生活，获得了大量年轻人的追捧。抖音短视频直播带货数据分析平台新抖发布的数据显示，汪奶奶的粉丝主要是18岁以下的年轻人，他们在汪奶奶所有粉丝群体中的占比达到了30%，其次是18~40岁的用户。

2020年3月，汪奶奶正式开始直播带货。为了给大家呈现一场近乎完美的直播，团队提前半个月就开始做准备，选品、议价、设置主播脚本、敲定主播流程等。为了迎合年轻粉丝的需求，汪奶奶的直播选品非常年轻化，以美妆护肤品为主，这类产品在所有产品中的占比达到了42.43%；其次是家居用品和食品。一场完整的直播至少需要20款产品，她的团队在近百个符合标准的产品中精挑细选，经过一番试用后最终确定了合作产品。

第一场直播果然不负众望，观看总人数超过了800万，销售额达到了470万元。根据相关媒体的报道，截至2020年6月，汪奶奶30天的音浪收入超过了抖音平台84.47%的主播，商品销售额超过了平台99.53%的主播。

银发主播的直播带货江湖

过去，中老年人在人们心目中的形象大多是刻板、保守、单调、落伍等。但"银发主播"给人传递的感觉与此截然不同，她们时尚、活泼、乐观积极，有岁月赋予的特殊气质。这些是年轻主播所不具备的，正是这种反差给他们带来了大量粉丝。

随着汪奶奶等头部主播逐渐走红，越来越多的中老年人加入直播带货群体，他们主要分为三种类型，分别是精致派、随性派和精通派。

● 精致派。精致派主播以汪奶奶为代表，他们在护肤、穿搭、生活态度等方面都非常精致，让很多年轻人自愧不如。他们凭借精致生活的理念吸引了大量年轻粉丝，推销的产品以服装、美妆、护肤品等为主，深受年轻人喜爱。

● 随性派。随性派主播以"我是田姥姥"为代表，他们主要通过短视频或直播分享自己的生活，愉悦观众，收获了大批粉丝。"我是田姥姥"在2020年5月的带货首播中,获得2.3万元的音浪收入,150万元的销售额,成绩超越了很多年轻的带货主播。

● 精通派。精通派主播以"康奶奶"为代表,他们在某个特定领域树立了专家的形象,例如健康保健、生活家居等。健康保健领域的专家"康奶奶"在抖音平台开通商品橱窗,销售保健产品,获得了不错的销量。

除此之外,银发主播尝试推荐的商品还有很多。例如,"小顽童爷爷"利用中老年人"隔辈亲"的心理主播带货儿童用品和玩具,取得了不错的销量;陕西80岁的"崔淑侠"直播带货家乡的红杏,每天销售额都能过万元等。随着加入直播的中老年人越来越多,涉及的产品种类也越来越多。

从这些"银发主播"身上,我们能观察到三个"度"的优势:一是时间所赋予的人生阅历的厚度;二是生活所赋予的知识面的宽度;三是在漫长的工作生涯中获得的专业领域的深度。具体来说就是,这些"银发主播"拥有丰富的人生阅历和生活经验,见多识广,在自己的专业领域深耕多年,积累了丰富的经验,处理问题的综合能力非常强,拥有岁月赋予的独特魅力。当他们以"过来人"的身份讲述一些道理时,往往更令人信服。

总而言之，"银发主播"的兴起让我们看到这样一个现实：高速发展的社会并没有抛弃老年人。有这样一批老年人，他们愿意接受并尝试新兴事物，愿意用自己独有的经验引领年轻人的生活，愿意用乐观的生活态度感染年轻人。

正在崛起的"银发经济"

如果只是直播行业出现了一批"银发主播"，想必不会引起如此大的震动，关键在于，"银发主播"的背后潜藏着一个规模达到了万亿级的"银发经济"市场。中国发展基金会发布的《中国发展报告2020：中国人口老龄化的发展趋势和政策》显示，到2025年，65岁以上人口在总人口中所占比重将达到27.9%，我国的老龄化将达到巅峰。在未来的老龄化社会中，"银发经济"将成为带动经济发展的新动力。

随着一批受过高等教育的"60后"相继退休，他们需要一些渠道来排解突然脱离工作环境的不适感，释放自己的精力与能量，紧跟社会发展，而不是坐等被淘汰。由此，这些中老年群体产生了极大的社交需求，在移动互联网及各类社交媒体的助力下，"银发经济"顺势诞生。

直播风口上的农业新经济

疫情给各行各业造成了严重的打击，农业首当其冲。为了控制疫情蔓延，各地执行最严格的封闭政策，大部分交通被迫中断，线下市场关闭。而农业是一个严重依赖交通的行业，交通中断意味着农民辛苦培育的瓜果蔬菜无法进入市场完成交易转化，数月的辛劳只能毁于一旦。为了减轻疫情给农业造成的不良影响，新闻主播、直播达人、基层干部、大学生村干部等纷纷走进直播间，尝试为农产品直播带货，掀起了一波热潮。

根据国家发展规划，2020年是脱贫攻坚的最后一年。这些由本地农人、基层干部、大学生、网络红人等组成的带货主播，凭借自己对家乡的满腔热忱，用最朴实的语言、最自然的图景和最真实的互动，向屏幕前的观众推销家乡的农产品。随着一次次点击、一次次下单，这些优质的农产品陆续走上消费者的餐桌，农产品滞销问题得到了很好的解决，脱贫致富的道路越走越宽。在直播电商的助力下，农业也开始了数字化转型。

直播+农产品：赋能传统农业转型升级

在直播电商的助力下，农产品顺利进入线上渠道，农民与市场的距离进一步缩短，农产品的销售范围和销量均得到了大幅提升。同时，直播电商倒逼农民改变经营方式，为传统农业的转型升级产生了积极的推动作用。

首先，直播带货实时画面感非常强。主播走进田间地头，将农产品的生长空间、生长状态等真实地呈现在观众眼前，这种呈现比图片更真实，给观众造成的冲击力更强。同时，在观看直播的过程中，观众可以与主播实时交流，从多维度了解产品，甚至可以让主播"代替"自己感受产品，从而获得更好的购买体验。

其次，直播带货更加高效。在展示产品的同时附带购买链接，消费者产生购买冲动之后一键下单，然后坐等收货即可。借助产地直供、线上直销模式，一个小小的农户可以面向全国数以亿计的网民开展销售活动，通过强大的物流体系将农产品销往全国各地，十分方便快捷。

另外，直播带货的宣传成本非常低。过去，因为信息流通渠道比较少，很多特色农产品无法被更多的人知晓。进入互联网时代之后，在直播带货的助力下，越来越多的特色农产品被人们发掘了出来，销量暴增。相较传统的广告投放，直播带货的宣传和运营成本低很多，而且受众范围极广，转化率也比较高。基于此，很多农户和农业企业逐渐将直播带货视为农产品宣传销售的重要手段。

在浙江省松阳县大东坝镇横樟村，就出现了这样一个人，他利用电商、短视频、直播带货，带领全村走上了致富之路，他就是"85后""蜂王"——麻功佐。

2011年，大学毕业的麻功佐没有像大多数同学那样找工作就业，而是对刚刚兴起的电商产生了极大的兴趣，在浙江杭州开了一家女装网店。但由于经验不足，他最终因为资金问题关闭了店铺，回到了老家松阳县横樟村。

横樟村所在的丽水市是中国养蜂学会认定的"中国蜜蜂之乡"，麻功佐家从爷爷辈开始养蜂，传到麻功佐一代，家中已有四五十桶蜜蜂，每年可以产上千斤蜂蜜。回到家乡后，麻功佐决定子承父业，利用互联网销售蜂蜜，并在2014年年底注册了"横樟土蜂蜜"商标，做起了蜂蜜电商。

2015年，随着蜂蜜电商步入正轨，销量稳步增长，麻功佐在松阳县成立了养蜂合作社，一边从附近的养蜂人手中收蜜，一边鼓励其他村民加入养蜜蜂的行列。因为养蜂的技术门槛比较低，投入比较少，松阳县的养蜂队伍越来越壮大。

2017年，短视频平台开始火爆，麻功佐在短视频平台注册账号，利用短视频推广家乡的土蜂蜜。随着抖音账号的粉丝规模不断增长，自家生产的蜂蜜逐渐供不应求，麻功佐开始向周边的农户收购蜂蜜。随着蜂蜜销量不断增长，收购范围也不断扩大。

2017年年底，他的团队配合松阳县畜牧兽医局开展了一场"十箱万元"助低收入农户增收活动，带动300多名低收入村民成功就业。王秀芳老人就是其中的一员。这位70岁的留守老人从2017年起跟随麻功佐养蜂卖蜜，目前已经养了100余箱中华蜂，年产蜜800余斤，年收入约6万元。据不完全统计，目前松阳县内有130多户蜂农跟随麻功佐，其中低收入农户有80多户。除松阳县，附近一些县市的蜂农听闻麻功佐的事迹之后，也主动前来寻求合作。

抖音平台的数据显示，截至2020年10月，"麻功佐·横樟土蜂蜜""大山里的秘蜜"两个账号的粉丝数量已经突破了330万人。随着一条条短视频发布出去，原本寂寂无名的横樟土蜂蜜成为"浙江省蜂蜜十大名品"之一，麻功佐也入围第11届

"全国农村青年致富带头人"。

农业新经济：如何走向常态化

直播电商助力农特产品走到线上，极大地拓宽了农特产品的销售渠道与客户群体，让农民实现了保收增收。在某种程度上，直播电商就是一场技术对农业的赋能。

我国是农业大国，农特产品的销售是一件关乎消费者"菜篮子"和农民"钱袋子"的大事。在统筹推进疫情防控与经济社会发展的当下，直播电商迎合了"宅经济"的新趋势，不仅解决了农特产品滞销难题，而且为扩大内需、促进消费、恢复经济发展提供了一个很好的着力点。从长期来看，通过直播引流，各地可以将当地的特色农产品销往更广阔的市场，逐渐形成品牌，提振当地的农业市场，为决战脱贫攻坚提供强有力的支持与助力。

虽然直播电商是一剂"灵丹妙药"，但同时，人们必须认识到直播电商只是一种营销手段，它只能在短期内给农业带来流量红利。如何将这种短期的流量转变为长期的效益，是需要从业者探索的关键问题。解决这一问题的关键在于切实提高农特产品的质量，做好质检、仓储、包装、物流、售后等一条龙服务，疏通整个环节。只有这样，才能让农产品直播带货持续发展，成为助推农业转型升级的重要力量。

直击非议：资本逐鹿下的喧嚣与质疑

全网最低价是最好的出路吗

与传统的电商平台购物相比，消费者通过观看直播购物，实际上需要花费更多的时间，而能够使得消费者在直播间长时间停留的主要原因，就是更加优惠的价格。纵观各个主播的直播带货，绝大多数采用的仍然是价格战的打法。

那么，直播电商何以做到"全网最低价"？

直播带货的本质是团购

对处于头部的主播而言，由于其粉丝数量大，主播就会具有比较强的带货能力，因此往往能够从品牌或商家那里获得比较大的折扣。优惠的价格进而又能够为主播吸引更多的粉丝，进一步增强了他的带货能力和议价权。

而对主播来说，更优惠的价格往往也体现了主播的实力。

因此主播在与品牌或商家进行谈判时，往往会要求合作商品"必须为全网最低价"或者"必须有粉丝专属赠品"等，以期形成带货规模的正反馈。

商家有"促销"需求

价格战的打法不仅是主播和消费者方的利益需要，商家有时也要通过降价进行营销，比如：

- 商家需要清库存。库存是任何商家都会面临的问题，由于库存商品的特殊性，商家往往希望能够将其尽快变现，因此通过降价的方式由主播带货，就能够取得比较好的效果。

- 品牌需要宣传新品。当品牌推出一款新产品时，为了迅速打开市场，通过粉丝量庞大的主播来带货，是非常理想的途径。而且，主播在直播间可以全方位地介绍产品或体验产品，让消费者获得更加直观、全面的产品认知。

- 品牌需要进行推广。对一些知名度不高的品牌而言，通过主播带货能够获得比较好的推广效应，可以提升品牌的知名度和消费者的购买率。比如某护肤品牌通过头部主播的一场直播，招新率高达90%。

而且，在市场竞争日益激烈、获客成本越来越高的大环境下，相对于信息投放等方式来说，降价的策略对商家而言更便于控制成本。

直播电商背后的人、货、场

商品的价格取决于其在整条产业链的运营成本，直播电商崛起的背后，实际上代表着全链条数字化能力的提升。

● 人：在移动互联网等综合技术的支持下，直播电商拓宽了流量获取的途径，能够更快地获取到更多消费者，而且基于KOL的影响力，消费者的转化率和复购率更高。

● 货：直播电商的营销方式缩短了以往产品与用户之间的距离，而且能够更快地获取用户需求和偏好，进而以更低的成本制造出受用户欢迎的产品。

● 场：直播电商通过场景的升级，让用户获得更优质的购物体验，弥补了传统电商购物体验感差的缺陷。

"全网最低价"打法潜藏的隐患

关于直播电商，我们既要看到其高速发展的一面，也要看到其在发展过程中面临的问题与挑战。例如，用"全网最低价"的噱头吸引用户，大打价格战，这种做法看似有效，实则潜藏着很多隐患。

一方面，随着越来越多的主播进入直播带货领域，整个带货主播群体可以分为头部、腰部和尾部三大层级。头部主播以薇娅、李佳琦等为代表，人数极少；大量主播集中在尾部，因为粉丝数量少，平台影响力比较弱，所以这些主播与商家博弈的能力相对较弱，无法获得最大的价格优惠。在价格战模式下，这类主播很难获客成交。

另一方面，通过低价策略吸引到的用户多为价格敏感型用户，会导致直播经济的用户群体结构过于单一，无法实现长久发展。而价格敏感型用户往往更加关注价格，黏性不足，留存率较低，而且很容易冲动购买，发现商品质量存在问题后也容易产生纠纷。近来不断爆发的直播消费纠纷事件，就有力地证明了这一点。

追求"全网最低价"，是直播电商处于初级发展阶段的特点之一。随着产业的逐渐成熟，未来直播电商其他方面的优势将会更加凸显，大量品质高、体验感强的产品将能够在直播间大放异彩，并进一步推动全产业链发展。

直播电商处于初级发展阶段的另一个特点是"货带人"，而非"人带货"。虽然如薇娅这样的顶流主播具有非常强的选品能力，能够使消费者从搜索式的主动消费转变为偶然式的被动消费；但从整体的情况来看，直播电商仍然处于"货带人"的阶段。随着产业的发展和成熟，直播电商更加依赖主播个人的IP，消费者会出于对主播的信任而消费。在这个过程中，零售将通过直播实现"产品——服务——体验"的转变。

高退货率：直播为何屡屡"翻车"

2020年的"双11"，直播带货风生水起。根据阿里巴巴公布的数据：2020年"双11"期间，参与直播的商家数量相比2019年同期增长220%，更有超过400位总裁和300位明星参与直播带货。

直播电商不仅给消费者带来了全新的购物体验，还为商家积累了更多客户，并大幅提升了产品销量。但与直播电商的销量神话伴随而来的还有诸多问题，最典型的就是居高不下的退货率。以服装为例，根据国内知名直播平台提供的数据，网红直播带货的退货率高达50%，甚至更多。

根据阿里巴巴提供的数据，2020年11月11日当晚，李佳琦直播间的观看人数超过1.5亿，成交额33亿元；薇娅直播间的观看人数超过1.3亿，成交额35亿元。但"网红"主播创下惊人带货业绩的背后，则可能是收拾退货烂摊子的商家。

2018年，小张从体制内辞职后进入服装行业开始创业。领略到直播电商带货实力的他也在当年的"6·18年中大促"活动中邀请了网红主播直播卖货。直播过程中，小张的服装店确实获得了大量订单，但过后退货率却远远高于往常，并且大量顾客在超出无理由退换货时间后仍然要求退货。

由于与主播的合作采用的是佣金形式，小张不仅支付了高额佣金，还要承担退货所产生的包装费、运费等各项费用，第一次尝试直播带货的小张亏损严重。但由于直播电商在网络购物平台大行其道，禁不住诱惑的小张在2020年4月再次联系主播。此次直播带货时间一共2小时，成交数量4000多件，但后期的退货率也高达50%。大量的商品在售出后又回到了仓库，仿佛进入了一个恶性循环。

那么，导致直播电商退货率如此之高的主要原因是什么呢？

商品质量问题与虚假宣传

直播电商虽然采取直播形式，但仍然具有电商属性。在直播电商中，主播作为导购能够更直观、全方位地展示和体验商品，拉近了消费者与商品之间的距离。而直播电商的退货率之所以居高不下，原因之一就是商品质量与消费者期待不符。

虽然直播电商发展势头非常强劲，但关于直播"翻车"、商品质量差、售后服务难的诟病也十分严重。消费者在直播间下单后，收到商品后发现存在质量问题和虚假宣传等问题。例如，知名带货主播李佳琦在直播展示一款不粘锅的时候，鸡蛋直接粘在了锅上；搜狐董事长张朝阳在直播首秀中演示咖啡机时，尝试数次都没有磨出咖啡；罗永浩直播带货花点时间"520玫瑰礼盒"，但消费者收到礼盒后发现鲜花质量存在严重问题；明星汪涵在为某企业的直播带货中，当天成交1323台，退款1012台，退款率高达76.4%。

在直播电商的运营模式中，主播作为导购负责进行产品的宣传和介绍。直播电商之所以能够吸引大量消费者关注，主要在于其主打的价格优势，而价格敏感型消费者在发现商品质量与心理预期不符之后，便会选择退货。

直播电商的火爆使得行业从业者数量不断增多，这必然导致主播水平参差不齐。很多主播在直播带货时不会严格选品，对直播的产品缺乏足够的了解，导致产品售出后退货率高涨。

而头部主播更在意个人口碑，经常与优质品牌合作，在品牌产品质量和供应链水平的加持下，反而不容易出现大批量退货现象。

直播形式导致冲动型消费

王女士是一位白领，平常喜欢在电商平台购物，自从观看李佳琦的直播后，她便开始习惯在直播间购物。最初在直播间购物最吸引她的一点在于商品价格比较优惠，但后来王女士发现，自己在直播间似乎丧失了思考能力，只要"OMG，买它买它买它"和"来，倒计时开始，5、4、3、2、1"的声音响起，她就忍不住想要下单，最后买回了很多原本并不需要的商品。而且有些商品的质量并不理想，王女士便会退货。

直播电商的卖货模式导致消费者在直播间的消费很多时候是冲动型的。例如，主播倒计时、大量消费者抢购，以及主播的夸张语气等，都会刺激消费者在极短时间内做出下单决策。而当直播结束，消费者拥有理性思考的时间后，便很可能取消订单或者退货。

主播刷单进行数据造假

直播电商的发展给相关产业链带来了巨大的发展空间，MCN机构便是其中之一。克劳锐发布的《2020年中国MCN行业发展研究白皮书》显示，2019年MCN机构数量超过2万家，远远高于2015～2018年MCN机构数量的总和。相关产业链的空前发展，也使得直播电商行业鱼龙混杂。主播刷单进行数据造假便是突出问题。由于主播的佣金与商品的销量直接挂钩，一些主播在利益的驱使下便通过刷单来提高销量。

小李在某化妆品企业的市场部工作，在与主播进行直播带货对接时，小李发现，很多主播的要求非常无理，比如要求商家为消费者提供无理由退换货服务等。但商家为主播提供佣金时往往不会将退货部分计入其中。

而且，有时候主播在直播间的销量虽然能够达到上万件，但退货率却在60%以上。通过调查不难发现其中存在明显的刷单现象。但因为带货主播往往拥有数量庞大的粉丝群，因此商家会尽量避免与主播发生冲突，以免带来粉丝差评报复，影响产品口碑。

高退货率的背后，反映的是商家、主播与消费者三者地位的不平衡。在直播风口，行业的不规范现象愈加突出。只有商家、主播与消费者的利益都能实现最大化，直播电商才能够进入良性发展轨道，让直播真正为电商助力。因此，直播电商行业必须正视高退货率问题，要提供切实可行的解决方案，为直播电商行业的长久发展保驾护航。

数据泡沫：GMV的水有多深

在2020年10月21日零点，"双11"大促就拉开了帷幕。薇娅和李佳琦作为直播电商领域的顶流主播，也开始了两场马拉松式的大促直播。根据阿里巴巴官方提供的数据，在"双11"大促预售的第一天，薇娅和李佳琦直播间的观看人数分别突破1亿；而在11月11日当天的直播中，两人也纷纷刷新战绩，薇娅带货GMV约为11.06亿元，李佳琦带货GMV为6.96亿元。不仅如此，"双11"期间，淘宝直播平台成交额超过1亿元的直播间达到了28个。

不断被刷新的GMV神话似乎向品牌和商家传达出一个信号：直播带货过亿已经不再是难以达到的成绩。

那么，带货榜单里的GMV是可信的吗？品牌和商家只要选择带货榜单中排名靠前的主播，就能够大幅提升产品销量吗？

GMV的"水分"有多大

刘女士在某电商平台经营一家零食店铺，为了提高店铺的知名度和产品销量，2020年9月开始，她联系了几位"网红"主播带货。令刘女士十分困惑的是，这些合作主播的粉丝量均达到了数百万，但每次合作结算下来却都要赔钱。

刘女士说："有的主播介绍产品几个小时，能够达成的订单却只有几十笔；有的主播直播期间店铺销量大涨，但过后退货率却很高；更夸张的一次，产品已经下架了，但主播的销售数据还在不断增加。"在刘女士跟主播反映销售数据有问题时，却被告知"数据造假是潜规则"。

要了解GMV的"水分"有多大，首先需要清楚GMV的真正含义。GMV指的是交易总额，并非实际成交金额，未付款的订单金额、退货的订单金额和人为刷单的金额也包含在内。举例说明，某主播直播带货期间共达成100笔单价为50元的订单，但其中50笔订单拍下未付款，另有50笔订单付款后又发起退款，那么这次直播带货实际的成交额为0元，但GMV为5000元。

目前，直播电商领域发布的主播带货榜单中所列的GMV，几乎都含有不少"水分"。即使像薇娅和李佳琦这样的顶流主播，其带货订单的真实数据也没有平台方和主播方披露的高。

用一个更加直观明了的公式来看，GMV=真实成交额（支付GMV）+未付款订单金额+退货订单金额+刷单金额。这就说明，GMV可以被注入的"水分"有很多，因此，主播公布的带货成绩中就出现了下单GMV、支付GMV和引导GMV这三种形式的GMV数据。

● 下单GMV：消费者下单的金额，无论后续有无付款或退款，均包含在内。这也是直播电商领域最常用的GMV计算方式。薇娅和李佳琦等主播的直播带货成绩一般是按照下单GMV来计算的。

● 支付GMV：以零退货率计算的真实成交额。比如某主播公布的下单GMV为4亿元，支付GMV为2亿元，支付GMV相对下单GMV，挤掉的"水分"比例高达50%。

- 引导GMV：举例来说，在某主播直播卖货时，其销售的是某商品800元的购物券，但计算GMV时如果按照商品3000元的售价来计算，得出的就是引导GMV。2019年"双11"期间，薇娅和李佳琦的直播间就曾对外公布过引导GMV。

当然，GMV还会有一些不同的计算版本，所以要评估主播的带货成绩，首先应该清楚其所公布的GMV的真正含义。

刷单盛行，直播带货数据被"美化"

与其他领域甲方拥有更大的权利不同，在直播电商领域，乙方主播和MCN机构才真正掌握主动权。这是很多与带货主播合作过的品牌和商家共同的感慨。

高先生是一个化妆品品牌的创始人，"双11"期间他与30多个商家一起与某超级主播合作直播带货，最后却发现主播刷单，已经提前支付给主播的高额坑位费和佣金全部打了水漂。

这位超级主播在抖音平台拥有1600多万粉丝，自称曾经创下过6000万元的直播带货纪录。但在为高先生等人的品牌进行直播时，每个产品仅仅在直播间停留了5分

钟，并且下单用户很快就发起了退款。据高先生统计，
这位超级主播直播带货期间的成交额超过5万元，但退单
率高达97%，实际成交额只有1000元左右。而参与同一场
直播的其他品牌也遇到了类似问题。有的商家直播间的
所有订单都被发起了退款申请，而且核对后台的订单可
以发现，买家的名字和联系方式几乎都是编造的。

这个案例看上去虽然极端，但其实并非个例。直播带货刷
单，实际上已经屡屡见诸报端，而且刷单也并非直播电商时代
的特殊产物。自电商诞生以来，一些商家便开始主动与提供刷
单业务的团队合作。随着电商产业不断发展，刷单产业链也不
断发展壮大。

目前，直播带货领域的刷单主要体现在两方面，一是直播
观看人数造假，二是商品成交额造假。此外，刷单业务还覆盖
了点赞、评论、转发等与直播带货相关的数据。

由于目前寻求刷单服务的主要是带货主播和MCN机构，
品牌和商家为了维护自己的利益，改变了以坑位费为主的付款
方式，大多采用佣金协议，以"15天后的实际成交订单"为参
考，支付主播佣金。

比GMV更有价值的参考指标：复购率、退货率和客单价

苏女士在杭州工作，受周围观看直播购物的氛围影响，苏女士也关注了几位"网红"主播，工作外的大部分时间都被观看直播所填满。

因为"网红"主播直播间的粉丝多，而且平台有"7天无理由退货"服务，苏女士为了保证能够抢到商品，已经养成了观看直播时"先下单再考虑是否付款"的习惯。2020年"双11"期间，苏女士在直播间完成的订单数额达到10万元，其中下单后未付款的订单有6万元，未发货申请退款的订单金额为2万元，剩下的订单也要收货后再确认是否需要退货。因此，苏女士估计自己实际成交的订单金额为1万元左右。

苏女士说："很多主播会在直播间说'先下单，看抢不抢得到，抢到了如果不想要，随时退款'，所以我在直播间下单，经常都是冲动型的。"

2020年3月中国消费者协会发布的《直播电商购物消费者满意度在线调查报告》显示，37.3%的受访者表示在直播间购物

时存在过度消费现象。既然由于未付款、退货、优惠券等五花八门的玩法，GMV存在大量"水分"，那么比GMV更有价值的参考指标是什么呢？

要衡量直播带货的真实效果，可以考察三个指标——复购率、退货率和客单价。

● 复购率：无论通过何种方式进行电商运营，其最终目的都是为了增强用户黏性、提升用户购买率。因此，复购率不仅是衡量用户黏性的标准，也是衡量主播带货实力的重要指标。

● 退货率：直接反映了用户的体验和产品的口碑。根据阿里巴巴公布的数据，直播电商的退货率在30%左右，除消费者冲动消费等因素的影响，产品质量和售后服务等也会影响用户的选择。实力更强的主播往往也能更好地选择产品，维护用户口碑。

● 客单价：客单价高低能够反映出粉丝对主播的信任水平，而更高的信任水平也意味着更高的复购率和更低的退货率。

经历了野蛮生长之后，直播带货的竞争已经从主播的吸粉水平等表面因素深入到了选品、价格、服务、运营等更加专业、更能体现主播实力的方面。因此品牌选择与头部主播合作，不仅是因为他们拥有数量更大的粉丝群，还因为他们能够为品牌带来更好的营销效果。

假货之殇："劣币驱逐良币"的背后

2020年4月29日，拥有3500万粉丝的抖音主播"大狼狗郑建鹏与言真夫妇"通过平台进行直播，回应粉丝关于售卖假货的质疑。自从开始在抖音带货直播，"大狼狗郑建鹏与言真夫妇"就频频遭到售假的质疑，并且陆续有买家发布购买产品与真货的对比和第三方平台的鉴定。虽然直播当天"大狼狗郑建鹏与言真夫妇"和合作平台洋码头否定了"售假"的说法，并表示未经拆封的商品可以退货，但粉丝并不买账。

2020年11月19日，"职业打假人"王海在微博发布一份检测报告，质疑"快手第一主播"辛巴在直播间售卖的茗挚品牌"小金碗碗装燕窝冰糖即食燕窝"是糖水而非燕窝，而且成本不足一元。对此，辛选方面表示如果消费者对产品有任何不满，可以向茗挚天猫旗舰店申请退货退款。一直声称自己直播"旨在为粉丝多省钱"的辛巴，此次受到网友的质疑："口号是严选，这次成瞎选了。"

对直播电商而言，商品的质量至关重要，其不仅关系消费者的利益，也会影响主播个人及平台的口碑。

视频引流，直播平台高仿货泛滥

打开某视频直播平台，不难发现上面假货泛滥。例如48元两支的迪奥变色唇膏、90元的纪梵希圣诞套装、30元一瓶的祖马龙香水等，均是仿造大牌化妆品低价售卖。某主播甚至声称，"电商平台上的很多店铺也是从我这里拿货，真假混合掺在一起售卖，我这里不仅性价比高，而且支持扫码验证"。

除了假冒的名牌化妆品和护肤品，这类视频直播平台上还有商家在售卖商品包装盒和包装材料，比如香奈儿的粉饼盒、迪奥的口红管等。

把事先准备好的各种材料加入容器，混合后倒入模具，然后再套上外包装，一根仿大牌口红就做好了，成品不仅外观与正品十分相似，品牌logo也清晰可见。这是某视频直播网站一位用户发布的视频，在极短的时间内视频的浏览量便过万，并获得了5000多个点赞。

在多个热门视频直播平台，类似的直播还有很多。不过进行直播的用户并非为了展示个人的创意和动手能力，而是通过视频引流售卖仿冒商品。

一位主播在与粉丝的沟通中透露，这些自制商品的售价仅为同款正品售价的1/10左右，而且可以根据买家的需要定制。根据使用原材料的不同，产品的售价也具有一定的差异。

主播展示商品的制作过程，吸引有意向的用户关注，然后进行后续的转账和发货。原本定位于记录和分享生活的视频直播平台已经被大量假货所充斥，严重影响了直播电商的有序发展。

追逐热点，微商改头换面

直播电商的风靡吸引了越来越多的微商关注，他们从朋友圈转移到了短视频直播平台。在热门的短视频直播平台上，不少用户通过直播的方式售卖仿造的名牌产品，比如化妆品、箱包、手表等。

在某视频直播平台上，一个自我介绍售卖奢侈品的用户拥有3万粉丝，他所发布的数百件商品外形与知名大牌的产品均高度相似。而且，该用户还注明所有产品售出后不退不换；如有质量问题必须在24小时内联系，过期不受理；因质量问题需要更换的商品，必须保证包装完好。

为了躲避平台审查，售卖假冒商品的主播往往会注册多个账号进行直播或发布短视频，而且会开通多个微信账号和转款账号与有意向购买的买家联络。

劣币驱逐良币，不少买家"知假买假"

一位短视频直播平台的主播在直播中介绍自己"售卖高仿化妆品已经4年，主要是做圣罗兰、迪奥、香奈儿三个品牌的爆款产品"。

购买这些商品的买家主要有两类：一类是学生或刚刚开始工作的年轻人等经济基础较差的人群，他们购买这类产品是为了自用，因为预算有限，但出于攀比等心理，想使用名牌产品，于是便购买价格低廉的仿冒产品；另一类是部分男性，他们购买这类产品是为了送给异性。由于仿冒产品价格更低，而且配备发票和查询条形码，一般难以发现其与正品的区别。

与被骗购买假冒商品不同，不少买家实际上是"知假买假"，即明明知道是假冒商品而购买，或者特意寻找假冒商品而购买。

之所以不少买家做出这样的选择，往往是出于价格方面的考量。例如一套SK-Ⅱ经典产品套装的售价约为3000多元，而仿冒商品的价格甚至不到300元。它们外观方面的差异非常小，不经过仔细对比或专业平台鉴定，难以发现哪个是假货。由于假冒产品具有一定的市场需求，制作和售卖假冒产品的卖家便越来越多，最后甚至产生了"劣币驱逐良币"的现象。

监管时代：直播带货告别野蛮生长

2020年6月26日，中国广告协会发布国内首份《网络直播营销行为规范》（以下简称《规范》），并于2020年7月1日开始正式实施。《规范》规定了商家、主播、平台及其他参与者等各方在直播电商活动中的权利、义务与责任。其中明确禁止刷单、炒信等流量造假以及篡改交易数据、用户评价等行为。

除上述《规范》，我国相关监管部门还在2020年6月起草了《视频直播购物运营和服务基本规范》及《网络购物诚信服务体系评价指南》两项标准，并于10月公布了《网络交易监督管理办法（征求意见稿）》，为直播电商行业的发展树立了标准和规范。面对直播电商发展过程中出现的种种问题，加强监管，通过监管和多方合作将直播电商拉入正轨，已经成为当务之急。

多方合作掌控直播航向

（1）建立标准化的管理体系

要使得直播带货摆脱野蛮生长的现状，必须加强对行业的监管。

一方面，应该建立标准化的管理体系，从直播平台的职责、主播的准入机制和营销行为、商品的质量把控和售后服务等直播带货涉及的领域进行规范，打造良好的行业秩序，保障消费者、主播、商家、平台等各方利益。

另一方面，应该加强直播带货与市场监管、主流媒体、公安等多个部门的联动。严查严打售卖假货和数据造假等行为；取缔夸大营销、虚假营销等营销乱象；加强对直播带货违规现象的报道，对行业进行舆论监督；建立全民监督制度和黑名单制度，对违规的主播进行依法查处等。

（2）建立主播信誉评定机制

主播作为直播带货的主体，不仅对消费者具有直接影响力，对直播电商行业的发展也起到了举足轻重的作用。因此，应该注重对主播整体素质的培养。

首先，应该组织主播学习相关的法律法规，确保主播在直播带货中的行为不触碰法律红线和道德底线；其次，通过培训提升主播的专业能力，注重选品等直接影响消费者体验的关键环节；最后，监管部门可以建立主播信誉评定机制和黑名单制度，对主播的行为进行规范和约束。

（3）平台任重而道远

为了保证直播电商行业健康有序发展，除相关部门要发挥监管作用，直播平台也应该发挥其在用户注册、信息审核、安全管理、应急处理等方面的职责。

● 首先，平台应该建立资格审查和准入机制。平台应该对主播的资质、商家的资质、交易的合法性等进行严格审查，避免无资质主播上岗，并防止假冒伪劣商品进入直播间。

● 其次，平台应该对直播内容进行审查，并在发现违规直播时即时阻断。为了维护平台运营，平台方需要不断提升自身的技术水平，通过人工智能（AI）等先进技术对直播内容进行审核，并建立机器和人工双重审核制度。在发现违规直播时，具有即时阻断直播的能力。

- 最后，平台应该建立完善的用户保障机制。例如通过保护用户的信息安全、为用户提供投诉举报机制等多种方式保障用户的合法权益。

第三章 平台三国杀：

流量和供应链的争夺战

在2020 年之前，中国几乎所有的大型互联网平台，都有自己各自的商业路径和变现模式。各家之间楚河汉界，泾渭分明。有的时候会吵架，有的时候流量还能够互相供应。但是随着直播电商大风口的到来，各大平台挤到了同一条赛道上。可以说，这一场刺刀见红的白刃战，才刚刚开打。

流量焦虑：平台巨头的进击与隐忧

淘宝："双11"背后的流量争夺战

2020年10月20日，"天猫'双11'全球狂欢季"正式对外发布，这是天猫对"双11"购物节的一次升级，节日代号是"双节棍"。这次"双11"的最大变化是消费者可以分两个阶段购物，而不只是在11月11日这一天集中购物。第一波购物时间在11月1日～3日，第二波购物时间是11月11日当天。显然，天猫2020年"双11"的购物热潮要比以往多出3天，即消费者在11月1日就可以购买预售商品，提前10天享受优惠购物。

在直播的加持下，2020年的"双11"购物活动更加火爆。11月11日0点10分，淘宝直播引导的成交就已经超过2019年11月11日全天，同比增长高达4倍。其中，薇娅、李佳琦的直播间最为火爆，销售额累计达到了68亿元。

虹吸效应：淘宝主播的流量稀缺性

"双11"期间是薇娅直播间最繁忙的时段，主播薇娅每天的上播时间要比平时增加2个小时，带货时间从晚上7点一直持续到零点以后，推荐的商品少则三四十件，多则七八十件，每件商品的平均讲解时间只有几分钟。即便如此，依然有很多品牌在薇娅直播间的门外徘徊。

在正常直播阶段，薇娅直播间的档期就已经非常紧张，需要提前2个月才能预订到。"双11"期间，商家需要提前更长时间预约合作。而且薇娅经常到不同的城市参加活动，一些商家想要谈合作，就不得不配合薇娅的行程四处奔波。

据界面新闻报道，"双11"期间，薇娅直播间的坑位费价格比平时提高了2倍。有些商家为了获得薇娅直播间的坑位，不惜花费更多成本。但是如果商家提供的商品与薇娅直播间的气质不搭，也会被薇娅本人或其采购负责人一票否决。

相比当红主播薇娅、李佳琦等，其他淘宝主播在与商家合作的过程中并不会这样强势，甚至许多中腰部主播会主动联系商家进行合作，特别是薇娅、李佳琦等合作过的商家。这些中腰部主播为了获得合作机会，甚至可以不收坑位费，只收佣金。但是即使如此，他们依然会遭到大多数商家的拒绝。

这种现象显示了淘宝主播的严重断层。头部主播的光环过于耀眼，与之相比，其他淘宝主播一次带货的交易额能达到几百万元就已经非常不错，大多数腰部主播每次带货的成交额只有几十万元。即便是明星主播也无法与薇娅、李佳琦等人匹敌。例如薇娅公司签约的明星主播林依轮、海清等，带货效果并不尽如人意。

流量金字塔：中小主播的生存困境

国内知名数据分析机构增长黑盒在2019年年末对淘宝直播进行了一次数据调研，该机构挑选了519名热门淘宝主播，并根据粉丝数对其进行分类。统计显示，在这519名热门主播中，粉丝规模在150万以下的主播有383人，150～800万的主播有88人，800～2000万的主播有43人，2000万以上的主播有5人。不难看出，淘宝主播的粉丝数量呈典型的金字塔状（见图3-1）。

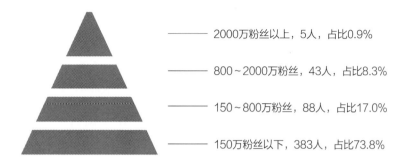

2000万粉丝以上，5人，占比0.9%

800~2000万粉丝，43人，占比8.3%

150~800万粉丝，88人，占比17.0%

150万粉丝以下，383人，占比73.8%

图3-1　淘宝主播粉丝金字塔
来源：知瓜数据，增长黑盒

　　不仅如此，在淘宝直播早期直播带货KOL刚刚诞生的时候，淘宝直播每晚的GMV就被薇娅和李佳琦占去了一半。其中薇娅占30%，李佳琦占20%，其他中小主播占剩下的50%。在平台流量扶持方面，头部主播占据了整个淘宝直播GMV的大头。事实上，淘宝直播的头部效应过强并不利于小主播的成长。大主播可以依靠自身流量优势对资源形成虹吸效应，小主播却没有多少资源支持，成长压力巨大。

　　综合来看，在淘宝直播平台，小主播之间的竞争非常激烈，既有流量又有销量的往往只有那些占比极少的头部主播。对于中小主播来说，他们所面临的挑战不仅仅来自流量，还包括商品及供应链的议价能力。小主播的流量较小，无法以极低的商品价格和丰富的商品款式来获得强大的竞争力，因此，他们热衷于追求那些"人无我有"的商品。但是主播基数庞大，很难避免产品同质化。同质化竞争的结果就是小主播的流量流向大主播，整个直播生态向两极化的方向发展。

硝烟四起：平台之间的流量争夺

天猫对直播寄予了厚望，然而，直播行业的竞争异常激烈，快手、抖音等直播电商都在疯狂争夺流量。

早在淘宝、京东等电商平台启动"双11"预售之前，快手和抖音就开启了自己的"双11"狂欢。其中，快手通过开展大型晚会的形式对外宣布启动"11·6购物狂欢节"，计划推出百亿流量资源扶持计划，提前为"双11"预热，同时推出一系列政策用于扶持中小商家。抖音同样以高姿态推出了"双11宠粉节"，活动共分两个阶段：第一阶段是10月25日~29日，第二阶段是10月30日~11月11日。这两个阶段与天猫"双11"的两个促销时段十分吻合，"火药味"十足。

与抖音、快手的强势不同，新兴电商拼多多在"双11"流量竞争方面表现得尤为低调。虽然拼多多是近两年才兴起的电商，但实力不容小觑，目前已经成为国内电商格局中的第三极，对天猫、京东等传统电商巨头造成了一定的威胁。

"双11"像是一个导火索，引发了各大直播电商对流量的争夺，这场流量争夺战会在未来同一时段继续开展。其实，电商之间的流量争夺早已屡见不鲜，不仅仅是在"双11"期间，其他任何时候都在持续，只不过"双11"期间更为激烈而已。

早在互联网电商发展初期，阿里巴巴就经历过一场流量争夺战。早期淘宝主要依靠采购个人站长的碎片化流量来扩大流量池，并在流量上反超了当时最大的流量电商易趣，逐渐掌握了电商流量争夺的主动权。2013年，阿里巴巴对新浪微博投资，成功抓住了社交时代的一波流量红利。近年来，阿里巴巴为挖掘新流量，开始投资线下商超和内容产品，取得了不错的效果。

阿里巴巴2020财年第三季度财报显示，截至2020年12月31日，阿里年度活跃用户达7.79亿，单季净增长2200万。在直播电商这场"流量争夺战"中，阿里这位"常胜将军"可谓志在必得，而直播电商也将成为阿里电商体系的一个新增长点。

抖音：封禁外链，意欲何为

2020年10月9日，抖音宣布抖音直播间购物车不再支持第三方来源的商品，但抖音小店来源的商品不受影响。公告一经发出，一些本就对冲榜要求不高的商家选择通过在抖音投放短视频来增加商品的曝光率，引导用户到淘宝、京东、拼多多等平台搜索并下单，从而提升整体销量；而那些迫切想要冲击销量的商家更倾向选择直播带货，但由于抖音购物车不支持第三方来源商品，他们只能转向快手。

对这一规定，业内人士做出了很多猜想，大多数人认为这是抖音为了加快形成抖音小店的生态闭环所出台的重要举措，同时也体现出Tiktok海外市场受挫之后，抖音对自身发展战略的调整。在海外业务遭受重大打击的情况下，字节跳动想要达到既定的增长目标，必然要加快国内的商业化进程。作为直播行业的一大领军企业，抖音直播业务的调整将会推动整个直播电商行业进入商业化的加速期。

封禁外链：抖音重燃电商野心

作为一个日活超过6亿的超级流量平台，抖音电商业务的调整向外界释放出一个明确的信号，即抖音要从流量平台向电商平台转型。

2020年6月，字节跳动决定将战略发展的重心转移到电商领域，并对电商业务进行了组织架构调整，主要内容为：以"电商"名义成立战略级业务板块，对公司旗下抖音、今日头条、西瓜视频等内容平台的电商业务进行统筹运营。其中，抖音是撬动这项战略的重要支点。

从2020年8月开始，抖音就采取了一系列战略措施：抖音原先针对第三方电商平台商品的策略是征收20%的服务费，之后又决定彻底切断第三方来源的商品，希望通过直播电商来强化自身的电商属性，打造自己的电商生态闭环。

2020年"双11"期间，抖音制定"封禁外链"的举措来迎接商品大促。在"双11"之前，抖音举办了一场"双11"商家大会，向大批商家、达人和机构服务商解读抖音"双11"的策略及玩法，这是迄今为止抖音举办的最大规模的商家大会。由此可见，抖音在"双11"之前就做好了与天猫、京东等电商平台在购物节期间正面交锋的准备。

在独立发展电商之前，淘宝一直是抖音最主要的商品来源和利润来源。随着平台流量增长速度越来越慢，为了维持业务增长，淘宝每年都会在各大网络平台花费大量成本购买流量。短视频平台的崛起，更是让淘宝不计成本地投入，特别是在抖音等平台。据统计，2019年，淘宝与抖音的广告合作达到了70亿元。

即使面对如此天价的广告费，抖音也没有改变独立发展电商的决心。与淘宝一样，抖音也面临流量变现的重任。由于广告变现已经达到行业瓶颈，所以抖音更看重电商变现的巨大空间。因此，抖音母公司字节跳动经过一段时间的尝试和摸索，在2020年"6·18"期间将电商战略正式提上日程。此后，电商成为抖音发展的重心。

直播带货模式获得的巨大成功，让抖音打造商业闭环有了坚实的基础。直播电商凭借傲人的带货成绩，得到了业界的广泛认可，被视为社交电商、垂直电商、综合电商之外的第四种电商形态。而要构建一个完善的平台电商生态闭环，抖音封掉第三方平台的外链是不得不迈出去的重要一步，即使牺牲眼前的、局部的利益，也在所不惜。

淘宝反击：全面开放，赋能内容电商生态

抖音封掉淘宝外链，淘宝自然不会坐以待毙，而是决定利用内容与电商互生的方式来对抗抖音。2020年4月，淘宝联盟与众多内容平台联合开启了"星X计划"，旨在打造一个新的内容电商生态联盟阵地。该计划旨在为内容生态从业者和商家提供更加多元化的电商运营场景，主要措施包括降低内容专项服务费、降低内容库入库门槛、统一展示未扣内容专项服务费前的佣金比率等。

内容平台的优质达人可以为淘宝商家提供强大且丰富的"种草"和带货能力，更好地促进内容平台和达人机构的变现。在刚刚过去的2020年，"星X计划"对天猫和淘宝全行业过千亿的成交规模进行充分整合，为内容平台和达人机构带来超百亿的佣金，并通过整合多种营收模式，全面赋能合作平台与达人。

淘宝联盟对生态合作伙伴的支持远不止如此，还包括对供应链、产品及服务等多个维度。淘宝联盟为了全方位扶持合作伙伴成长，还将陆续推出星源计划、星推、红人小站产品、星火培训、星脉数据服务等，同时还将整合和盘活阿里集团、政

府、明星及各行业的资源，打造多场活动。

2020年9月3日，淘宝直播宣布将面向中小平台、商家和主播，全面开放直播技术和能力，帮助他们获得更多直播带货红利。淘宝直播此次几乎开放了全部的直播解决方案，包括直播能力、互动能力、选品能力、直播内容、一键同步等。

未来，淘宝的所有合作平台都能接入淘宝的商品，中小平台上的主播也可以通过直播向粉丝推荐淘宝商家的高质量商品。与此同时，淘宝还会为这些直播平台上的消费者提供售后保障和物流服务。此外，淘宝直播还积极对外开放各类互动能力，用户不需要跳转页面就能在平台完成点赞、评论、购买等行为。淘宝还会为那些拥有直播技术的平台提供各项优惠政策，帮助他们大幅降低运营成本。

道阻且长：未来机遇与挑战并存

面对阿里系的猛烈反击及激烈的市场竞争，想要提升商业价值，拓宽盈利渠道，抖音最好的出路就是自己发展直播电商。然而，发展直播电商是个技术活，而且需要强大的经济实力做支撑。对于抖音来说，独立发展电商业务的难点不是吸引流量，而是打造自己的供应链。

抖音本身就拥有庞大的流量，也利用流量优势吸引了许多品牌和主播入驻。但做直播电商的核心并非流量，而是电商基础设施建设，抖音在这方面几乎是零基础。

抖音以内容起家，因此与电商平台相比，其在供应链方面存在天然短板，尚未形成完善的带货生态和小店功能。由于抖音在支付、客服、物流、售后等方面并没有像淘宝那样完善的基础设施，因此，消费者在抖音上购物的体验远不及淘宝。

对于消费者来说，抖音平台没有熟悉的购物车，难以找到客服和退货入口，而且不支持运费险。对于商家来说，抖音小店尚不具有完善的商品分类系统，不支持用户搜索商品名称来定位商品。

好的电商平台一定是一个拥有统一的供应链管理、高效的物流、优质的商品、实惠的价格、良好的服务的平台。虽然抖音正在从多个维度向这一目标进发，但想要真正实现优质电商平台的建设目标，还有很长的一段路要走。

快手：新变量、新增量、新隐忧

2020年11月10日，快手大数据研究院联合快手电商发布

《2020快手电商生态报告》，这是快手首次对外系统梳理其电商业务的发展情况。报告显示，快手平均每秒钟就会有两场电商直播。2020年1～6月，快手平台电商交易总额达1096亿元，较2018年的9660万元增长了1000多倍，已经成长为全球范围内以商品交易总额计第二大的直播电商平台。对比2020年1月和8月，快手电商的订单数增长了254%。

新变量：源头好货的颠覆

从电商、直播到直播电商，除了内容形式发生了一定改变，运营体系、系统架构、后端供应链等都没有发生根本性变化。从商家构成来看，目前直播电商有两种基本模式，一种是批发商+专业网店，一种是品牌商/店+专业导购。前者以雪梨等为代表，后者以薇娅、李佳琦等为代表。在这种情况下，普通厂家、农户、服装档口的批发商如何在不借助专业主播或网店的情况下，利用直播实现规模化销售呢？快手直播电商的源头好货模式提供了一个新方案。

源头好货模式的出现在一定程度上颠覆了固有的直播带货模式，为直播电商行业的发展带来了一些新改变，具体表现在以下三个方面：

● 为电商平台的假货问题提供了解决方案。自电商诞生以来，假货问题就一直存在。除京东的自营模式，假货问题基本需要通过直播或社群来解决。直播可以解决信任问题；快手平台的直播电商模式解决了粉丝获取与运营成本问题；源头好货模式强化了商家组织与系统管理，产地厂家或卖家直接上播，凭借高性价比的真货、优质的内容与服务获取消费者信任，实现持续转化与复购。

● 解决复购率低问题。"源头好货"模式的一大优势在于，主播或者厂商将直接把工厂货源以高性价比的方式呈现给用户，快手电商还将联合主播和机构孵化更多快手达人品牌，提高用户对快手原生品牌的认知和信赖。对于快手电商来说，以中小商家为主的生态能更好地满足消费端多样化、个性化的需求，当主播拥有更短的路径来理解消费者需求时，复购率也会随之提高。

● 更低成本，更高效率。为了给原产地的商家直播提供方便，快手根据源头好货模式目标商家的特点、使用习惯、运营能力等，对快手小店进行创新，推出一个特色功能——闪电购。商家只需上传一张产品图片，编辑好产品价格与库存，就能完成产品上架。在电商平台传统的商品上架模式中，商品上架是一个非常烦琐的过程，需要拍照、修图、拟定文案、优化标题、后台上架编辑等。为了让商品上架后呈现出来的效果更美观，更具吸引力，商家甚至需要高薪聘请专业人士，这极大地增加了运营成本。"闪电购"功能极大地降低了直播运营的门槛，为源头好货进入直播销售渠道提供了保障。它还颠覆了电商行业20多年来的商品上架模式，极大地降低了商家的运营成本，提高了运营效率。

新增量：中小玩家的逆袭

过去10年，电商行业飞速发展，吸引了大大小小的品牌和商家入驻，却唯独忽略了一个群体——产业带、原产地的中小卖家。目前火热发展的快手直播电商凭借"双低"优势——运营成本低、流量费用低，为这个群体提供了一个发展良机。

快手直播卖货的流程非常简单，卖家只需要开通直播间，在直播间介绍完产品之后，拍摄一张产品图片，设置好标题，标明产品价格、库存等信息，产品就能立即上架。在普惠价值观的作用下，快手平台的流量不会被大品牌独占，中小商家也能获得关注。在快手以私域流量为主的平台生态中，中小卖家即便粉丝数量不多，但只要与粉丝建立起强信任关系，就能达成交易，完成变现。

在快手平台，以极少的粉丝量获得大笔交易额的案例屡见不鲜。例如韩承浩只有50万粉丝，但单场直播的交易额能够达到1000万元；三一重工刚入驻快手平台时只有几千名粉丝，却在1小时内售出31台压路机，创造了重工机械直播销售的奇迹。

由于操作成本低，再加上对私域流量的保护，快手直播电商也吸引了很多普通人进入。例如玉石主播徐方滔——一个学徒出身的玉雕工——凭借直播电商实现了逆袭，在快手举办的快手见宝节上，创造了10天500万元的销售额。随着平台推出越来越多的扶持政策，像徐方滔这样的草根主播越来越多。

在大品牌、大流量挖掘殆尽的情况下，原本被忽略的中小卖家、草根群体及他们的粉丝构成的"百万雄兵"，将成为直播电商未来的主要增量之一。随着这些新增长的进入，快手直播电商必将保持高速增长之势，创造更多销量奇迹。

品类与档次：直播带货的隐忧

源头好货模式本是快手电商的一大特色，它以高性价比的产品满足了快手用户的需求，也凭借超高的销量为主播带来了可观的利润。但源头好货模式下培养的用户低价心智却给直播电商的长期发展造成了一定的制约，主要表现在两个方面：

- 产品品类较少，无法满足用户多元化的需求。"源头"二字在一定程度上限制了产品的来源，导致快手直播电商经营的产品局限于农产副食、服装玩具、鞋包饰品等领域。低价的限制又为产品品类的拓展增添了一把枷锁。虽然近几年快手投入大量资源吸引一、二线城市的用户，但单价低、品类少的源头好货显然与这部分用户群体的需求背道而驰，不仅无法留住用户，还有可能产生反作用。

- 档次低，无法满足用户消费升级需求。因为一直强调单价与性价比，一些品牌对快手退避三舍。再加上"家族式"的直播模式，虽然辛巴的"818家族"、散打哥的"散打家族"、方丈的"丈门家族"等家族的粉丝群体规模庞大，带货能力很强，但江湖气息浓厚，很难吸引高端品牌与其合作。而随着一、二线城市用户进入平台，平台用户的消费水平不断提升，快手亟须与品牌合作以提升产品与服务的附加值，满足这部分用户的需求，实现自身品牌的上行。

为了吸引品牌合作，2020年3月，快手发布了品牌掌柜计划，吸引了美的、自然堂、森马、巴拉巴拉、美特斯邦威等品牌入驻。4月，快手又面向全球发布品牌招募公告，向全球食品、美妆、鞋服等领域的优质品牌与品牌服务商发出邀请。虽然快手凭借一系列优惠政策吸引了一些品牌，但这些品牌在入驻快手的同时也入驻了抖音。究竟哪家平台能获得品牌的青睐，目前尚未可知。

一场正在酝酿的IPO新战争

随着直播电商业务愈加火爆，抖音、快手这两大短视频平台相继被曝出上市计划。字节跳动相关负责人表示，字节跳动正在考虑部分业务上市，目前没有定论。而在2020年11月5日晚，快手正式向香港联交所递交了IPO（首次公开募股）招股书，抢跑短视频第一股。

虽然抖音还没有发布明确的上市消息，但接二连三的上市报道说明，在资本、市场、自身业务发展需求等多种因素的作用下，抖音对IPO的态度发生了一定的转变，或许已经开始准备IPO。如果抖音、快手上市成功，这对多年的竞争对手将再次正面交锋，一场新的IPO之争或许即将爆发。

决战IPO：谁能打赢下半场战争

在短视频赛道上，抖音属于"后浪"。2016年，抖音短视频诞生之时，快手的日活跃用户已经达到了4000万。但抖音后来居上，在极短的时间内就超越快手，成为最热门的短视频App。在此后很长一段时间里，短视频行业的这两大头部平台在多个领域交锋，经过几场大战，二者的身份、地位和未来的发展空间都变得更加明确。抖音作为短视频领域的龙头老大，未来将把发展重点放在商业化领域，打造商业闭环，推动流量变现；快手将继续发挥其在直播电商领域的优势，不断提升产品档次，推进供应链建设，力争在这方面力压抖音，形成独特的竞争优势。

作为短视频行业的两大头部平台，抖音的日活超过了6亿，快手超过3亿，两者相加，覆盖了国内87%的互联网用户。这就意味着两个平台在新用户获取方面已经达到了极限，快手想要通过提高日活赶超抖音，难度极大。从这个角度来看，在短视频赛道的上半场较量中，抖音成功超越快手，稳居第一。

随着短视频行业的发展进入下半场，抖音与快手将开启新一轮竞争，竞争焦点将放在资本、业务与生态方面。在资本方面，抖音与快手将发挥各自的优势，争取更多资本的支持；在业务方面，抖音与快手将维持现有优势，不断扩大业务范围，拓展变现渠道，丰富利润来源；在生态方面，抖音与快手将发力电商生态建设，打造商业闭环，推进流量变现。

在这轮竞争中，抖音与快手的业务和生态将从差异化走向竞争化。从目前的发展情况看，抖音的营收增长更加明显，而且即将形成生态闭环；快手则稍显落后。此次快手与抖音双双曝出上市计划，说明两者开始了资本市场的争夺。在这场竞争中，究竟是抖音保持领先优势，还是快手强势逆袭，结果十分令人期待。但无论结果如何，快手与抖音的新一轮竞争已经打响，谁胜谁负只是时间问题。

规模之战：商业模式与变现渠道

作为短视频行业的两大头部平台，快手与抖音在供给端、运营端和用户端形成了自己的优势。在供给端，快手与抖音的内容创作生态都不断完善，形成了多元化的内容创作主体，覆盖了衣食住行及娱乐各个层面；在运营端，快手与抖音打造了各自的流量分发体系、内容运营体系以及商业变现渠道；在用户端，快手与抖音的日活用户都实现了大幅增长，成为新的流量洼地。目前，这两大平台正在积极拓展变现渠道，探索新的商业模式，以期在商业化方面形成独有优势。

其实从资本的角度看，抖音与快手在资本市场的竞争关键取决于商业价值，包括现有的商业价值和未来的商业价值，短视频第一股之争、企业估值之争等都是表象。随着短视频行业不断发展，抖音与快手原本存在较大差异的收入结构将逐渐趋同，开始围绕广告、电商、直播开启全面竞争。

如表3-1所示，虽然表中的数据不是官方披露，但也是多家媒体和券商通过多方研究得出的。通过对比分析，可以对二者在商业化领域的竞争窥探一二。

表3-1　快手、抖音在商业化领域的竞争分析

平台	项目	2018年	2019年
抖音	营业收入（亿元）	200+	600+
	直播收入（亿元）	—	100
	广告收入（亿元）	200	500
	游戏、电商等其他业务收入（亿元）	—	—

续表

平台	项目	2018年	2019年
快手	营业收入（亿元）	200+	500
	直播收入（亿元）	150	300
	广告收入（亿元）	20	150
	游戏、电商等其他业务收入（亿元）	30	50

2018年，快手和抖音的营业收入持平；但到了2019年，抖音的营业收入超出快手100亿元。在收入结构方面，快手的直播和电商两大业务的营收明显高于抖音，只有广告收入落后许多。随着两大平台纷纷加大对广告、电商和直播业务的投入，在可预见的未来，谁的业务发展更快、营收更多，谁就能在下半场竞争中领先。

（1）广告收入

快手与抖音都非常看重广告收入。信息流广告是抖音营收的主要来源之一，从2017年年底推出信息流广告业务到现在，抖音在信息流广告方面积累了丰富的经验，并且凭借独有的推荐机制与运营能力，在不影响用户观看体验的情况下，极大地提高了信息流广告的转化率。可以说，信息流广告已经成为抖音的王牌营销工具。

在信息流广告投放方面，虽然快手在竭力追赶，但从营收数据来看，效果显然不太理想，二者广告收入差距巨大。对于很多互联网平台来说，广告业务是核心业务。如果将广告业务视为互联网企业市值竞争的一个核心要素，显然抖音更具优势。

（2）直播收入

快手布局直播的时间比抖音早很多，所以收入也较为领先。2018年，快手直播收入为150亿元，抖音还没有相关的数据披露；到了2019年，快手直播收入达到了300亿元，抖音直播收入也达到了100亿元。另外，根据第三方平台公布的数据，2020年2月，抖音观看直播的用户数量在活跃用户中的占比为28.2%，快手的这一数字为50.4%；与1月相比，抖音的这一占比增加了4.2%，快手基本持平。在打赏收入方面，抖音增长迅速，快手基本稳定。因此有业内人士认为，凭借6亿的日活与增长优势，抖音的直播收入将持续增长，有望追平快手。

（3）电商业务

抖音与快手想要提高在资本市场上的估值，最关键的一点就是要将用户、流量、内容等优势转化为电商领域的势能。根据第三方平台公布的数据，2020年上半年，快手直播电商业务完成GMV1096亿元，抖音直播电商业务完成GMV 400亿元，二者存在较大差距。

近两年抖音发力电商业务，并在2020年设定了2000亿元的GMV目标。快手原本设定的GMV目标为1000亿元，感受到抖音电商的威胁后将GMV提升到了2500亿元。可见，抖音与快手的电商业务之争已经进入白热化阶段，谁能最先形成生态闭环，带给用户更便捷、更优质的购买体验，谁就能在电商业务的竞争中胜出。

上市窗口：抢滩IPO背后的资本逻辑

资本与商业是经济活动的两个维度。随着商业模式不断演化，资本市场也会不断地进行调整。同时，商业模式的调整也会从资本层面进行考虑。从资本价值角度来看，直播平台自营商业生态闭环与主打流量变现的内容平台在P/E（市盈率）水平上存在较大差距，前者更具优势。在筹备上市之前，企业决策者必须明确上市原因，选定上市时机。对于抖音、快手来说，随着电商生态闭环搭建完毕，他们将迎来最佳的上市窗口期。

2020年11月5日晚，快手正式向香港联交所递交IPO招股书。从招股书可以看出，快手直播、电商和广告三大业务发展迅猛，电商业务增长速度最快。自2018年推出快手电商以来，当年实现GMV 9660万元，2019年增至596亿元，到2020年6月底已经实现1096亿元。

而对于抖音而言，封禁第三方平台外链，加快构建电商生态闭环，可能也是为了提高企业估值。一方面，在海外业务受挫的情况下，字节跳动希望用电商业务来缓解TikTok事件在资本市场上给公司带来的负面影响；另一方面，在企业价值判断方面，搭建电商生态闭环之后就可以使用电商估值法对企业价值进行评估，比内容平台估值法对企业更有利。

资本市场对处于不同发展阶段的企业有不同的价值判断标准。例如，对于内容平台来说，DAU（日活跃用户数量）和MAU（月活跃用户数量）是两个很重要的评估指标，投资企业会通过这两个指标来评估企业的增长性。

在存量时代，抖音、快手平台的DAU和MAU虽然仍会增长，但后劲不足，无法支持企业的长期价值。电商评估法则不同，只要企业拥有稳定的供应链及一定规模的流量池，变现只是方法与时间的问题。从这个层面来看，抖音、快手打造电商商业闭环，也会对其未来在二级市场上的表现产生长期影响。

　　资本市场在评估生态型平台互联网企业时，会针对不同的业务使用不同的评估方法，再综合持股比例等因素得出企业价值。如果快手、抖音建立完善的电商生态，资本市场就会使用不同的评估方法对其电商业务与内容业务分别进行评估，再加上业务之间的流量协同，可能会使企业的最终估值高出很多。当然，任何一种估值方法都不是绝对的，对于业务不断拓展的生态型互联网企业来说，如何对其价值做出准确评估，是一个需要不断研究的问题。

　　对于抖音、快手来说，IPO上市不是结局，而是一个新的起点，在此之后企业如何发展，将带给行业什么变化，这些都非常值得期待。

谁主沉浮：如何在竞争中杀出重围

专业能力和商业能力的较量

在目睹了各大直播平台跑马圈地的过程后，人们越来越清楚地认识到这样一个道理：直播电商的核心不是广告逻辑，而是商业逻辑，它需要创业思维的引导，需要通过沉淀自身的风格和专业度找到相匹配的商业模式。但是现实情况是，许多品牌只是以广告逻辑来看待它，希望通过一场草草的"首秀"大赚一笔，却没有后续跟进计划。显然，这种做法对直播电商来说并不具备品牌效应。

在商业基础和电商基因不足的情况下，直播带货平台暴露出诸多短板。例如，抖音原先十分依赖淘宝，几乎没有自己的商业基础和电商基因，虽然自建了电商系统，但尚不完善，平台若仍保持短视频消遣逻辑，其流量带来的有效转化用户必然很少。快手的问题主要集中在头部主播和平台关系上，快手要实现进一步发展，一方面要处理好与头部主播的关系，另一方面要建立完善、健康的直播电商体系。

分析各大平台暴露的问题、头部主播直播后继发力情况、局中资深人士的预言等，可以发现这样的事实，即直播电商的红利已经耗尽，流量游戏也已经基本结束，下半场所拼的必然是硬功夫。何为硬功夫？专业就是硬功夫。

专业是直播电商赛事下半场的分水岭。通过分析直播电商市场暴露的短板可以发现，专业直播电商的必备要素有三个，即商业基础、运营能力和持续稳定的转化。

（1）商业基础

许多人对直播电商存在这样的误解，即认为只要邀请流量明星直播卖货并循环往复，便可实现持续变现。即使不能大幅度提高产品销量，实现品牌曝光也只赚不赔。但从根本上来看，直播电商的本质依然是销售商品，与传播推广的逻辑不同，它更需要商业逻辑作为支撑。

从这方面来看，淘宝本就是电商，有着得天独厚的优势，其壁垒是其他平台无法逾越和撼动的。抖音、快手等平台的商业基础建设尚处于初级阶段，自建的小店还处于试水期，而且严重依赖第三方平台的支持。这些问题让两家平台的商业能力备受争议。

（2）运营能力

短视频内容平台的入局让直播电商行业一度陷入流量陷阱之中，认为只要拥有流量便能高效直播带货。但其实，直播电商的核心竞争力在于运营能力。这里的运营能力主要包括两点，一是用户运营，二是供应链运营。

首先，在用户运营方面，引导粉丝加群，进行社交裂变是关键。据了解，很多直播间粉丝都有强烈的加群意愿，希望通过社群及时掌握优惠信息。因此，运营人员可以引导粉丝加入社群，开展精细化运营，将其转化为自己的私域流量。如果用户过多，还可以对用户进行分层管理。例如，按照消费偏好引导用户加入母婴产品用户群、家居用品用户群等，或者按照消费水平，引导消费额不满1000元的用户加入初级群，消费额超过1000元、不满5000元的加入中级群等。

其次，供应链运营能力。随着直播电商不断发展，平台、机构、主播都认识到供应链运营的重要性。这里的供应链运营能力强调的是选品能力，只有为消费者提供质优价廉的产品、超低的大牌折扣，才能长久地留住粉丝，刺激粉丝购买。目前，头部主播都在搭建自己的供应链。例如，薇娅的谦寻公司正在打造一个"超级供应链平台",进一步强化自己的选品优势。除了机构,抖音、快手等平台也在加速供应链建设,创建了精选联盟、源头好货、品质好物等体系,为站内主播提供优质的供应链服务。

（3）持续稳定的转化

直播电商想要实现持续稳定的转化,必须让平台、主播与消费者构建一个健康的生态。简单来说就是,平台从流量、供应链、物流等方面为主播提供支持,主播为消费者提供质优价廉的产品,带给消费者优质的购买体验;消费者购买产品,为平台、主播提供利润,维持平台与主播的生存与发展。在这个生态系统中,平台、主播、消费者缺一不可。

就平台而言,这个生态系统的建立需要以十几年的商业沉淀为基础,绝不可能在短时间内完成。对内,平台要修炼内功,提升自己的服务能力,不断完善平台功能,积聚更多流量,满足主播的直播需求;对外,平台要整合各种资源,包括品牌、商家、物流企业等,帮助主播优化选品,在成交后为其提供高效率的物流服务。

就主播而言,为了刺激消费者购买,提高成交率,主播要优化选品,为消费者提供质优价廉的产品,刺激消费者产生购买冲动。同时，主播要不断提升自己的带货技能，学习一些与产品有关的专业知识，用专业的讲解获得消费者信任，让消费者放心购买。

就消费者而言，在整个生态系统中，消费者似乎处在被动地位，无关紧要。但其实，消费者购买是成交转化的最后一环，平台、主播所付出的所有努力就是为了实现这一环节。所以，消费者要主动参与，理性地购买所需物品，这也是平台和主播收益的来源。

直播电商赛事下半场的帷幕已经拉开，好戏即将开场。对于消费者来说，这将是最幸福的时刻。因为更专业的直播购物平台及其引领的行业会带着更优质的商品、更好的主播和更好的商业服务走来。

始于流量，终于供应链

目前，直播电商平台可以分为两类，一类是抖音、快手等流量平台，一类是淘宝、拼多多等电商平台。前者是用广告的逻辑做直播带货；后者是用直播的方式帮助商家引流变现，沉淀私域流量。

从直播主体来看，直播电商又可以分为达人直播、CEO直播、店铺自播等不同的类型。据统计，在一个健康的直播生态中，店铺自播的占比应该超过50%。想要深入研究直播电商的商业价值，不能仅从流量平台的头部主播切入进行研究，而是要将直播电商放入电商运营的系统中进行全面研究，以窥探全局。

如果商家单纯地依靠主播或明星吸引流量，流量的生命周期短则几个月、长则几年，然后就会陆续流失。想要增强用户黏性，构建新的商业闭环，必须将主播带货与店铺运营相结合。

从商家的角度看，成熟的商家会将直播带货融入店铺的整体运营方案，让各项效益实现最大化。通过主播吸引了一定规模的流量之后，品牌方要针对流量的使用制定更长远的规划，可以通过店铺自播对这些流量进行深入运营，充分释放其消费潜力。

根据淘宝直播官方发布的数据，商家自播在所有直播场次中的占比达到了90%，GMV占比达到了70%。借助"主播曝光+商家自播"模式，品牌和商家可以源源不断地获得流量，通过深入运营将其转化为自己的私域流量，形成私域流量运营的基本模型，创造一种可持续的商业模式。

而在快手、抖音等流量平台，纯流量分发的产品逻辑形成了严重的"寡头效应"，头部主播占据了太多资源，严重压缩了中小主播的生存空间。例如在快手平台，辛巴直播间的GMV占据了整个平台的1/4。在这种情况下，不仅商家无法形成整体运营方案，平台也很难形成可持续的直播电商生态。

供应链效率：直播电商变现的关键

就挑战来说，物流和供应链未来或将成为直播平台打造电商竞争力的关键。

在物流方面，虽然我国的物流体系已经相对比较完善，但供需失衡问题依然比较严重。如果遇到节日大促，物流运输效率仍会下降。所以，对于目前几个主流的直播电商平台来说，还是要形成自己的物流体系，提高物流效率，为消费者提供更专业、更高效的物流服务，借此打造核心竞争力。例如阿里系的菜鸟，对三通一达（中通、申通、圆通和韵达）进行整合，形成了自己的核心物流能力；京东独家打造的京东物流为京东电商业务的开展提供了强有力的保障。但对于抖音、快手来说，从零开始打造物流能力显然不太现实。

在直播电商领域有这样一种观点：快手、抖音等直播平台做电商，内容决定流量规模，直播带货的成熟度决定流量的转化效率，供应链才是决定平台商业变现高度的关键。

之所以说供应链效率是决定平台商业变现高度的关键，主要是因为直播带货的核心价值在于规模供给匹配规模需求之后，规模效益可以让C端消费者获得实实在在的利益。因此，供应链效率越高，平台对消费者的让利空间就越大，对消费者的吸引力就越强。这些都将转化为平台的核心竞争力。

对于抖音、快手来说，无论自建供应链，还是与第三方电商平台合作共享供应链，其最终目的都是打通从流量生态到商业变现生态的内循环——用优质的内容吸引流量，通过直播带货转化流量。常态化的直播带货可以增强用户黏性，将平台流量转化为价值更高的电商流量，进而形成内循环。

商家自播：引领直播电商新潮流

随着红人主播带货暴露出越来越多的问题，诸如数据造假、刷单、高昂的坑位费与实际销量不符等，很多平台开始鼓励商家自播。虽然商家自播很难像主播直播一样调动气氛，激发消费者的购买冲动，但因为商家更了解商品，可以将商品的卖点与功能详细地告知广大受众，而且不用向红人主播支付坑位费与佣金，可以以更低的价格让利给消费者，同样可以获得不错的产品销量，给平台带来不错的收益。

商家自播：直播带货行业的新生力量

商家自播指的是由品牌或商家自主发起直播的行为。作为一种全新的营销方式，商家自播受到了广泛关注。随着直播电商不断发展，越来越多的消费者养成了在直播间购物的习惯。为了迎合消费者的这种习惯，平台鼓励商家转变思维，开通直播间，通过自播拉近与消费者的距离，促成交易。从某种意义上来说，商家开通店铺自播相当于设立一个线上导购，可以随时随地为消费者服务，"面对面"地解答消费者的问题，从而提高店铺的转化率，甚至可以推动品牌供应商实现数字化升级。

关于商家自播，有些人持反对观点，他们认为主播才是直播带货的"标配"。他们觉得商家虽然了解产品，但直播经验不足，无法与粉丝有效互动，贸然入局可能得不偿失。

但自2020年春节以来，看到新冠肺炎疫情影响下实体零售商、中小企业和个体农户的生存困境，淘宝、抖音、快手等平台推出了很多扶持政策，鼓励商家尝试直播电商。在平台利好政策的吸引下，尝试直播带货的商家越来越多，他们有的聘请专业的主播带货，有的将店铺导购打造成主播，有的甚至推出了CEO带货，例如董明珠、梁建章等CEO就走入直播间为自己的品牌带货，均取得了不错的效果。当然还有一些中小企业的老板亲自下场直播。总而言之，从目前的形势看，商家自播已经逐渐形成了一股潮流，可能成为直播电商领域新的爆发点。

根据淘宝官方发布的数据，2020年2月，平台新开通直播的商家数量环比增长719%；2020年上半年，商家自播场次同比增长超过100%。"双11"期间有近3亿人观看淘宝直播，直播引导商品交易额同比增长近一倍。其中，商家自播的商品交易额占比超过60%，同比增长超过500%，进行直播的商家数量同比增长220%。从各品牌直播间的成交额来看，有28个直播间的成交额突破1亿元。11月11日凌晨1时，华为、海尔、美的等7个品牌淘宝直播间的交易额就突破了1亿元。"双11"期间，商家自播的商品交易额同比增长509.34%。

从商家的角度看，主动拥抱直播是一个非常明确的发展方向。毕马威曾针对商家自播做过一场问卷调查，结果显示有超过64%的品牌商家表示相较于与"网红"主播合作直播，在自己直播间的带货效果更好。对于平台来说，商家自播进一步丰富了平台的主播生态，可以打破平台20%的头部主播占据80%的资源的局面。以淘宝为例，目前，淘宝的直播生态过度依赖头部主播，未来它会有意识地将资源向商家自播与腰尾部主播倾斜，店铺自播、头部主播、中小主播引导成交额的比例将达到4：3：3，以创建一个更健康的直播生态，实现更好的发展。总而言之，未来，在直播带货行业，商家自播将成为一支新崛起的力量。

平台扶持：商家自播迎来好机遇

（1）淘宝："淘宝神人"扶持腰部商家

近两年，淘宝直播的规模不断壮大，甚至达到了千亿级。但在飞速发展的同时，淘宝直播不得不正视一个问题，即严重的"头部效应"。根据淘宝近期发布的主播直播热度排行榜，薇娅、李佳琦的热度指数分别为2.7亿和1.4亿，牢牢占据前两位，排名第三、第四的主播热度只有几千万，与两大头部主播相差甚远。"头部效应"导致淘宝的直播生态存在巨大隐患，一旦这两大头部主播流失，淘宝直播就会崩塌。

为了更好地发展直播生态，淘宝推出百亿扶持计划，将为商家、机构、主播等生态伙伴提供专业的培训与服务。百亿扶持计划包括很多内容，"淘宝神人"是其中的一项。"淘宝神人"计划旨在寻找1万名商家合伙人与50家MCN机构，帮助1000位"淘宝神人"打造个人IP。从本质上看。"淘宝神人"就是一项扶持腰部商家与年轻商家的计划。这里的"神人"指的是敢于创新的人。为了挖掘"神人"，培养"神人"，淘宝计划在未来三年持续投入5亿元。对于淘宝平台上的广大商家来说，这是一次难得的发展机会。

（2）抖音："种子计划"助力零经验商家开播

为了完善自己的电商生态，抖音面向新商家推出"种子计划"，覆盖服装鞋包、美妆个护、食品生鲜、酒水饮料、家居百货等类目，为新入驻抖音小店的优质商家开放五大权益，包括流量扶持、佣金优惠、零粉丝开通购物车功能、企业号认证免费权益和专属运营服务，全方位为新商家提供扶持。

除此之外，面对直播电商这个新风口，抖音的"种子计划"上线商家成长权益，只要新商家完成新手任务，包括加入成长培训计划、上架商品、完成售后和物流基础设置、短视频投稿、开播等，就能获得平台的流量扶持。这些任务循序渐进，可以帮助商家积累直播运营的经验与方法，提高商家直播带货的技能。对于抖音来说，"种子计划"不断落地，一方面可以帮助商家拓展交易渠道，另一方面可以丰富直播的内容场景，完善直播电商生态，推动电商业务实现更好的发展。

（3）快手："破晓计划"为商家提供一站式解决方案

为了吸引更多商家入驻，快手面向服务商与商家推出了"破晓计划"，推出8项现金补贴政策，旨在为快手平台内的所有商家提供一站式直播带货方案，帮助商家从账号注册与认证跨越到单场直播收视过万，最终实现单场直播带货过百万，全面助力商家实现快速成长。

与此同时，快手面向商家推出四项扶持计划，即新商家完成商家号认证，入驻快手小店，就能获得价值1800元的流量；新商家完成商家号认证，就能永久享受粉丝充值返10%的优惠；新商家入驻快手小店，可以享受最低1%的平台扣点；新商家可以享受快手官方课程周期培训。快手希望借助这四项扶持计划，帮助商家用最短的时间完成冷启动，输出更优质的直播内容，创造更好的直播带货成绩。

随着商家自播逐渐成为一种趋势，未来，会有越来越多的平台针对商家自播推出更多的扶持政策。

　　直播带货经过一段时间的爆发式增长之后逐渐归于理智，行业竞争也进入了下半场。与上半场的流量之争不同的是，下半场的竞争更强调综合实力，包括主播的专业能力、商业能力、供应链能力，以及在行业的持久性等。并且，越来越多的商家认识到红人主播带货的弊病，将陆续开通直播间进行自播。未来，商家自播将成为一种新潮流，这会给红人直播带来一定的压力，但同时也会给直播电商行业注入一股新力量。

第四章 明星跨界谈：

降维直播带货的惊喜和乱象

短期内明星"大V"进入直播间带货，带来了两极分化：一方面是与品牌取得流量和销量的双赢；另一方面，"翻车"事故也频频发生。明星带货，让一些商家尝到了甜头，也让一些商家栽了跟头。直播带货并不是一场短暂的阵地战，当持久战打响，这些明星"大V"如何稳定实现自己的商业价值？

出圈与破圈：明星带货有未来吗

明星带货：流量变现新渠道

2020年5月16日晚，抖音直播间迎来一位新主播——陈赫，在通过抖音直播间送上自己带货首秀的同时，这位微博粉丝数量近7000万的综艺明星宣布"有东西直播"正式成立，准备开启长期的带货事业。

为保证这场直播首秀可以吸引更多的用户关注，直播开始前几天，陈赫就通过抖音、微博等平台预热，并宣布将长期入驻抖音平台带货直播，带货产品主要集中在零食、电器、日用品等领域。

凭借个人影响力及多年主持与表演积累的控场经验，直播开始2分钟，就有50多万人进入直播间。在直播过程中，陈赫与好友朱桢二人一边流畅地介绍产品，一边相互打趣，使整个直播间自始至终都充满了欢乐的氛围。

直播结束，第三方数据监测平台抖查查发布的数据显示，这场直播累计观看人数5097.4万人，销售额8122.9万元，共计产生订单46.3万单，单场直播增粉突破百万。除此之外，陈赫与朱桢二人还获得990万音浪的打赏，折合人民币99万元。

从数据来看，陈赫的这场直播与头部主播还存在很大差距。从产品销量来看，除第一件售价1元的海带小吃售罄，其余商品都仍有库存。但陈赫的入场直播带货，让我们看到明星介入带货直播的情况开始发生变化。

新常态：明星直播带货1.0到3.0

随着直播带货行业的爆发，明星直播变得越来越常态化，直播内容也逐渐从单一的卖货演变为综艺性、互动性较强的泛娱乐内容。明星在直播间展现自己真实的一面，一方面为平台贡献了很多有趣的内容，另一方面也拉近了与粉丝的距离，进一步增强了粉丝黏性。

起初，明星进入带货直播间只是为了宣传作品，对于整个直播带货活动来说，明星就像一个旁观者，我们将这个阶段称为明星介入直播带货1.0阶段；之后，明星作为嘉宾进入直播间，与主播搭档卖货，这个阶段可称为2.0阶段；到李湘、汪涵、刘涛、陈赫等明星自己担任主播开始直播带货，明星直播带货进入3.0阶段。

总体来看，在这个发展过程中，明星对直播带货的参与度越来越高，经纪公司与直播平台的关系也越来越密切。抖音、快手等短视频平台邀请大量明星入驻，淘宝直播也频繁邀请明星为品牌直播站台。一些明星和直播平台采取深度捆绑的合作模式，相互利用彼此的资源获得更大的利益回报。

如果说2019年是直播带货元年，那么2020年大概可称为明星直播带货元年。自2020年之初，大大小小的演艺明星相继开启了自己的直播间。在直播电商的风口，明星们似乎迎来了一个新机遇，但也踏上了一个全新的战场。

根据淘宝官方公布的数据，2020年"6·18"期间，共有300位明星进入淘宝直播间。另一大电商平台京东同样吸引了大量明星入驻。除传统的电商平台，抖音、快手等发力直播电商的短视频平台也不甘示弱，与大量明星签订了直播带货合约。

明星与品牌的"亲密关系"

明星带货打破人们对直播带货的刻板印象，使直播成为营销推广和产品销售的新渠道、新方式。明星直播带货的影响力巨大，效果十分显著，受到各大平台的青睐，使得类似动作频频发生。

对于明星来说，在注意力频繁交替的娱乐圈，为了维持自己的曝光度，他们必须在没有作品上映的时候采取一些措施，例如录制并发布短视频、直播等。明星曝光度意味着热度，只有曝光度足够，才不会被观众遗忘，才能维持自己的商业价值。明星在直播间展现自己的特点或表演才艺，将产品或品牌以观众更容易接受的方式展现出来，在增强直播观赏性的同时也保证了直播转化效果。

对于品牌来说，他们也开始尝试邀请明星代言人直播带货或者与明星合作直播带货。随着直播内容不断丰富，直播场景逐渐增加，未来品牌可以尝试更多营销手段。例如宣传品牌故事、邀请明星背书，以及与短剧、影视剧相融合，将影视作品的经典片段搬入直播间等。直播带货为品牌提供了一个更广阔的施力空间，亟待品牌试水。

流量变现的新渠道

一般来说，明星比"网红"主播更具有影响力，也更容易获得平台的流量支持。基于这种原因，明星直播带货很可能形成一个正循环：如果明星能够严格选品，保障自身人设契合品牌定位，保障产品价格足够低，那么明星直播带货就能完成更多的订单转化、口碑推荐和用户复购。同时，明星直播带货的大流量和高转化也会吸引更多优质的供应商寻求合作，以更低的价格供应后续的直播带货。因此，对于明星来说，直播成为除广告代言、影视综艺等渠道之外的又一流量变现工具。

而明星带货对直播电商行业的影响主要体现在以下三个方面：

- 提高了直播电商用户的渗透率。借助明星的影响力，可以让那些不看直播或没有直播购物经历的用户尝试直播购物，完成从无到有的蜕变，形成新的消费习惯。明星粉丝在体验直播购物后更容易形成热门话题，同时明星也能借助直播实现破圈，扩大自身的影响力。

- 打破头部主播占据平台核心资源的固有格局。有了明星的参与，直播主播的组成将变得更加多元化，有助于形成更多合作模式，促成更多合作。直播平台利用"腰部主播+明星"的模式可以优化行业资源配置，使平台资源分配更加合理。

- 可以打破纯卖货模式，增强直播内容的趣味性。直播策划团队可以利用明星多才多艺的特性策划直播互动内容，丰富用户的视听体验，消除直播间单调、乏味的氛围，形成边娱乐边购物的直播购物体验。

但需要注意的是，直播带货不同于单纯的娱乐性直播，由于可以直接触发商业交易行为，所以直播话术需要更加严谨，以免因为口误导致"翻车"。这意味着，明星艺人想要在直播带货领域扎根，必须做好长期在该领域深耕的准备，让观众感受到自己的专业与真诚。

破圈运动：明星主播的带货江湖

目前明星直播带货的江湖也是百花齐放，他们通过不同的方式纷纷破圈进行直播带货。比如，影视女演员刘涛与阿里巴巴合作，担任"聚划算官方优选官"后，使用花名"刘一刀"入驻淘宝直播平台；知名主持人李静签约薇娅所属的谦寻公司，合作开展直播业务；锤子科技创始人罗永浩与抖音直播平台签约，组建个人团队，进军直播电商。

明星直播的方式也各不相同，为了使销售额保持稳定，有的明星一个月直播几十次，有的一个月只直播一两次。后者尽管直播场次较少，但销售额可能也十分可观，一场直播销售额上亿的也不在少数。

在此，我们可以复盘这些明星的带货方式和运作方式，看一看他们究竟凭什么在直播带货的"红海"中与专业主播抗衡，以及与一般的专业主播相比，他们又有哪些核心竞争力。

综艺主持：善于调动直播间气氛

目前在直播带货领域，一些知名综艺主持人通过稳定输出和长期经营，逐渐成为直播带货的中坚力量。其中以华少为代表。主持人本身就具有语言优势和控场能力，他们善于与观众互动，可以轻易地带动直播间的气氛，同时能够兼顾和满足粉丝与消费者的各种需求。

据相关统计，在常驻淘宝的明星主播中，主持人占2/3。目前，朱丹、大左、李晨、马可等知名主持人都已入驻淘宝直播平台，江苏卫视主持人李响也与谦寻公司签订了直播合约。

有的明星兼顾综艺和带货两份工作，他们会借助综艺节目的曝光度反哺直播带货的热度。以戚薇为例，戚薇热衷于参加职场、恋爱、美妆等女性类节目，在这些节目中，她不仅强化了自身人设，也给品牌方留下了"美妆女王"的印象。因此，戚薇直播带货的产品以美妆、百货为主。虽然2020年10月戚薇只直播了一场，但销售额却高达2588万元，成绩相当可观。

特色明星：基于自身人设，专注垂直品类

有些明星善于挖掘自身特色，通过主攻某一类产品，也取得了不错的带货效果。叶一茜作为一位明星和母亲，通过放大"妈妈"属性，发挥明星影响力直播带货，推荐的产品以母婴品类为主，而且采取高频输出策略。

演员于震常饰演军人，硬汉角色深入人心，因此其更倾向于经营男性粉丝，直播带货的产品以酒类为主。据相关统计，于震在2020年10月共直播10场，在所选的130个产品中，酒类品牌多达70个。于震的直播带货看似放弃了综合门类，实则独具特色，并且更容易得到相关品牌的青睐。

再例如，刘涛除了演员身份，一向以贤妻和女强人形象示人。在淘宝直播间，刘涛变身"刘一刀"，以逻辑清晰、干练的带货官形象为消费者带来了绝佳的购物体验。而明星闫学晶在带货时则以"闫妈"自居，利用平易近人的人设和亲切的讲解主推农产品和家居用品。

明星企业家：转换赛道，顺势而为

有些名人兼具红人和企业家的双重身份，他们似乎更能看清时局，并敢于主动转换赛道。杨天真原是壹心娱乐的CEO，目前她卸任艺人经纪业务，决心转战直播经纪业务。杨天真的直播专注女装这一细分领域，先不论这一细分领域的蛋糕有多大，其能事先为自己贴上品类标签，已经足以说明她的商业智慧。

罗永浩在抖音平台拥有超高人气，且自带热点，直播带货的风格已经趋于稳定。2020年10月，罗永浩开始加大直播频率，每周直播场次上升为3场，有成为专业直播的势头。蝉妈妈数据显示，在抖音带货达人月榜中，罗永浩以3亿多远的销售额位居10月榜单首位，坐稳了"抖音一哥"的地位。

也有一些明星原本早已在商业领域深耕布局，从事直播带货只不过是顺势而为。林依轮和张庭早已拥有耀眼的明星身份，后来成功转型为企业家，他们已经打造出自己的专业团队和完整的商业闭环，在其商品售卖链路中，直播带货只是其中之一。凭借团队和供应链优势，他们可以进行长期稳定的输出。其中，张庭凭借多年的积累，拥有强大的微商流量，带货能力十分强大，2020年10月虽然只有一场直播，但销售额高达1.1亿元，是抖音10月单场销售额最高的一场直播。

总体来说，在明星直播带货群体中，中年明星的直播带货较为稳固，这是因为他们已经在自己的主业上取得了一定成就，同时具备一定的生活技巧和社会经验，能够与消费者进行同频互动；或者拥有鲜明的家庭身份和社会身份符号，便于树立积极、正面的形象。而具备这些特质的明星往往也能在直播带货行业走得更远、更持久。

明星直播带货有未来吗

与"网红"主播相比，明星直播带货拥有天然的流量优势，但其直播带货的利弊也更加明显。一方面，明星直播带货可以凭借自身的影响力带动品牌和产品宣传，不仅可以吸引更多用户观看，还能提升品牌溢价，增加产品知名度；另一方面，当用户满怀期待地观看明星直播，却没有感受到预期的效果时，就会纷纷吐槽，甚至会直接"脱粉"，这不仅达不到带货目的，还会影响品牌形象。

因此，许多行业专家认为明星直播的核心职能就是为产品和品牌代言，而不是带货。但是，企业更希望明星直播不仅能提升品牌形象，同时也能直接带动产品交易。

隔行如隔山，直播带货终究是一门行活

蝉妈妈数据显示，2020年7月30日，王祖蓝做了一场家纺专场直播，累计直播时长6小时2分，观看人数高达516.8万，直播销售额570.3万元。而在同一天，专业主播朱瓜瓜也做了一场家纺专场，直播时长为5小时25分，观看人数只有164万，但累计销售额达到了1212.8万元。

两者的直播时长相差无几，但朱瓜瓜却以不及王祖蓝一半的观看人数，获得了超过王祖蓝1倍的销售额。显然，明星粉丝并不能完全转化为消费者，明星带货的逻辑也可能在一些情况下失效。

目前，各平台的头部主播已经逐渐显现，MCN机构也越来越规范化和专业化。与此同时，部分明星直播带货时却频频"翻车"，且表现得极不专业，这使得他们遭到消费者的诟病，口碑和人气都有所下降。有的明星不仅不了解所推荐的产品，还会因为消费者的言论而情绪失控，这种寄希望于粉丝买单却不能为消费者真正展示产品性能的做法，注定走不长远。

实际上，大部分明星并未将直播带货看作一门专业。而其中的原因并不能只归咎于明星个人，品牌方也应担负一定的责任。品牌方邀请明星直播带货的目的是依靠明星效应获利，但是这种做法很可能导致行业泡沫。

2020年上半年，明星王耀庆被品牌方频繁邀请至各大主播直播间，其凭借霸道总裁与搞怪的"反差萌"取得了良好的带货效果。后来王耀庆开通了自己的直播间——耀给力百货。在直播带货的过程中，王耀庆并未像其他明星直播那样担任主讲，而是邀请专业的主播作为主讲人，自己则承担助播角色，带动直播间的人气。这显然是一种安全又聪明的做法，不仅能保障直播间的专业度，也能掌握直播的主动权。

明星带货有成功公式吗

有业内人士表示，影响明星直播带货效果的关键因素有三个：一是对品牌和产品的选择，二是对直播内容和形式的策划，三是对用户需求和偏好的洞察。通过分析和研究这些关键要素，有人总结出以下明星带货公式：

成功的明星直播带货=契合的选品×有趣的直播内容

×精准的用户洞察

其中，"契合的选品"对应供应链的选择，"有趣的直播内容"对应明星在直播时的人设，"精准的用户洞察"对应精准用户获取和深度用户运营。如果能将这三大关键要素集合在一起，就能引发乘数效应，大大提升明星直播带货的效果。如果这三大关键要素中存在任何一项短板，就会使明星直播带货的效果大打折扣。

通过观察明星直播带货公式，可以得出这样一个结论，成功的明星直播带货与"网红"直播带货在以下几个方面存在极高的相似度：

● 亲民的感染力。无论明星还是"网红"，直播带货都需要打造亲民的感染力，这就需要主播通过亲近、取悦观众的内容来塑造接地气、有亲和力的形象。直播内容接地气，主播有亲民的感染力，这样一来即使明星主播什么都不做，粉丝们在观看直播时依然会感到很舒服。

● 较强的专业性。明星直播带货与品牌代言存在较大区别。明星直播带货一方面要求明星在直播间与用户进行亲切、友好的交流互动，另一方面要求明星充分了解产品的功能和特点，并向用户分享真实的使用体验，同时还要求明星对带货节奏有较高的控制力。一场直播一般需要数小时，如果明星无法控制带货节奏，很容易导致效果不理想。

● 较高的产品契合度。如果明星人设与品牌定位、产品定位相契合，带货的效果往往会更好。例如，李湘、刘涛等具有居家好太太的属性，她们所选择的带货产品覆盖了生活日用品、食品、3C数码产品、生活电器等多个品类。由于她们的居家属性与产品定位具有较高的契合度，所以直播带货的成交额动辄可达几百万或几千万元，甚至上亿元。

明星直播不能盲目追求带货效果，否则很可能适得其反。同时，明星也不能为了巨额坑位费去推荐自己不熟悉、不了解和从未使用过的品牌和产品。在选品过程中，需要选择与自己人设相契合的品牌和产品，同时要围绕用户需求和偏好，提炼符合用户口味的产品卖点，对直播方案和用户互动内容进行更优的设计和策划。另外，明星直播带货要邀请专业的团队来策划和执行直播方案和互动内容，这样才能真正发挥明星的影响力，让直播带货事半功倍。

求新与求变：明星带货下半场比拼

直播场景：打造沉浸式购物体验

随着直播不断发展，一成不变的场景设置已经无法打动消费者，就连李佳琦、薇娅等头部主播的直播间场景布置也越来越局限，使消费者产生审美疲劳。随着直播带货竞争加剧，单一的场景布置和卖货方式注定会被市场淘汰。如果能将沉浸式场景融入直播间，就能够以多元化的方式满足消费者的需求，给直播带货带来更多新玩法。

为了创新直播带货的玩法，聚划算邀请明星刘涛在沉浸式直播方面做了一次全新的尝试。这次尝试的创新具体表现在两个方面：

第一，首次邀请明星担任官方带货主播，并与之建立了长期合作关系。最重要的是，刘涛进驻聚划算平台不是单点合作，而是以阿里巴巴平台为依托，创造了一种新的商业合作模式，实现了明星选品、平台运营、平台补贴三方联动，保证用户可以以最低的价格买到最实惠的产品。在聚划算平台强大的运营能力的支持下，明星选品的优势会更加凸显。

第二，首次尝试沉浸式直播带货，直接在刘涛的家中选取一个场景搭建直播间，例如客厅、厨房等，在这个场景中为观众推荐商品。除此之外，每场直播还采用节目策划的方式，提前设置一个主题，既可以满足消费者的购物需求，也可以满足消费者的娱乐需求。

综上所述，聚划算此次创新的本意在于围绕刘涛个人的生活场景设计直播内容，为观众创造一种场景化、沉浸式的观看体验。

场景化是针对传统的直播带货模式而言。在传统的直播带货场景中，主播向观众介绍产品，试用产品，讲述试用感受，不断地重复这个过程，内容比较单一、枯燥，久而久之，用户就会流失。场景化搭建一个观众熟悉的场景，例如生活场景、工作场景等，在这个场景中介绍产品，可以有效增强用户的参与感，获取用户的信任，鼓励用户做出购买决策。

而且场景化方案非常自由，主播可以在介绍产品的过程中植入一些娱乐化的内容，例如，刘涛邀请刘敏涛做客直播间时请刘敏涛教观众跳舞等，为原本枯燥的直播带货添加了一些综艺感，趣味十足。而且，场景化布局可以将产品功能更直观地体现出来，主播甚至不用介绍，观众就能了解产品的用途，从而根据自己的需求做出购买决策。

沉浸式直播的核心是实现产品的场景化、具象化。在移动互联网时代，人们的消费方式发生了较大改变，消费者的注意力越来越多地集中在新鲜体验上，这使得注意力经济越来越难以为继。在这种情况下，许多品牌产生了一种无力感，即使使用尽浑身解数，也难以打动消费群体。

沉浸式场景营销可以打造与品牌或产品形象相契合的主题场景，给消费者带来身临其境的体验，有助于各种营销目的的实现，包括品牌传播、产品销售、顾客留存、流量转化、产品复购等。虽然沉浸式场景营销在各大线上线下展会、品牌造"节"、组织workshop（研讨会）体验等方面早已普及，但将沉浸式场景营销与直播相结合，还属于新玩法。

内容输出："直播+泛娱乐"模式

在新冠肺炎疫情的影响下，直播电商发展进入快车道。随着越来越多的平台涌入，在短短几个月的时间里，直播电商就结合传统电商、内容电商、社交电商，实现了直播与泛娱乐化的融合，给观众带来一种全新的内容体验。

未来，直播带货的内容将更加丰富，除了对产品的介绍，还会融入很多经过精心设计的娱乐元素与内容，再加上即时销售、品牌宣传，将让消费者体验到更多个性化的内容。到那时，内容将成为各个直播间的核心竞争力。

以"口红一哥"李佳琦为例，凭借"口红一哥"的魅力及"OMG，买它"的金句，李佳琦直播间吸引了很多消费者进入。虽然有一部分消费者进入直播间是为了买到高性价比的美妆产品，但更多消费者是受李佳琦"网红"主播属性的吸引，最初的目的就是想看李佳琦涂口红，亲自体验一下李佳琦在直播过程中的亢奋状态，看李佳琦与前任小助理的友好互动等。

从这个层面来看，这个时期的李佳琦直播间就已经带有一定的娱乐化属性，已经开始推动网络购物向娱乐化、体验化和内容化的方向发展。事实上，为了在枯燥的产品介绍之余增添更多娱乐看点，李佳琦的直播团队精心设计了很多话题，例如李佳琦与前助理的互动、李佳琦的宠物狗"N姓女明星"等。

从消费者的角度看，在这个阶段，观看直播属于一种新型娱乐方式。自带流量的"网红"主播与明星主播走进直播间，与观众实时互动，可以在一定程度上满足粉丝追星的诉求，再加上"网红"、明星本身的影响力与号召力，可以极大地活跃直播间的购物氛围，提高直播电商的用户渗透率，吸引更多消费者在直播间长时间停留。

例如，聚划算就曾邀请刘涛、刘敏涛合作过一场内容直播。两人是实力演员和当红明星，围绕她们的头条话题不断，特别是刘敏涛，曾经在"55青春选择之夜"凭借歌曲《红色高跟鞋》彻底火了一把。

当两位"涛姐"合体直播时，"摇晃的红酒杯""表情管理大师"等热梗、脑洞层出不穷，极大地满足了广大用户的好奇心和八卦心。另外，两位女演员还在直播现场合体跳起了"女团舞"，更是引爆了整个直播间，吸引2100万网友驻足观看，这场直播带货的交易额直接飙升到1.48亿元。这些综艺桥段极大地丰富了直播间的内容元素，也在一定程度上为直播电商提供了新思路。

李佳琦等"网红"主播也越来越注重丰富直播间的内容，例如，李佳琦曾邀请杨幂、朱一龙、周震南等一线明星做客直播间，起到了非常好的娱乐效果。有时，李佳琦还会故意在直播间翻白眼，做搞怪表情，这些内容都无形地增加了直播的趣味性，为用户营造了轻松、愉快的购买氛围。

从消费者的角度看，消费者购物是为了满足生活所需，提高生活质量，或者放松心情。既然最终目的是购物，那么对于直播间来说，如果既能以高性价比的商品刺激购物需求，还能以泛娱乐化的内容带给消费者愉悦的购物体验，当然是最好的选择。

从商家和主播的角度来看，无论泛娱乐化还是内容营销，都要不断地对直播内容进行创新。作为一种新型的营销模式，直播电商必然会与其他营销模式一样，经历"诞生——成长——衰退"这个过程。商家和主播只有不断地创新直播模式，适应用户需求，才能在这个行业实现可持续发展。

塑造人设：从明星主播变身专业主播

直播带货需要注重名人效应。广告大师奥格威曾说："描绘品牌的形象比强调产品的具体功能特征重要得多。"主播是直播间的核心人物，是品牌形象的代表，能够通过直播帮助品牌与消费者建立交互关系，能够凭借个人魅力拉近消费者与品牌的距离。因此，对直播来说，主播形象的塑造和专业能力的培养是一件极为重要的事情。

目前，主播的类型主要有"网红"、CEO、虚拟动漫人物、明星等几大类。随着明星与CEO等加入直播带货，直播带货的价值将加速显现，名人效应将进一步发挥作用。而明星、CEO想要做好直播带货，就必须确立良好的人设定位，提高自身的公信力和直播的专业度，同时还要更加接地气地与用户互动沟通，用用户思维直播带货，充分发挥自身的粉丝效应。

真实接地气，增强好感

明星和企业CEO不能以高高在上的姿态进行直播带货，而是需要树立接地气的人物形象，与用户进行良好互动，这样才能快速赢得用户的好感和信任，将用户对自己的爱转化为对产品和品牌的爱，从而提高直播间的转化变现效率。

例如，刘涛在直播带货时就曾全素颜出镜，以真实的形象和非常接地气的聊天方式向粉丝分享自己的生活体验，不仅极大地释放了个人效应，也成功实现了"种草"。

互动是精髓，价值共振

直播带货的一大优势在于，主播可以与用户实现即时双向互动。主播要打破千篇一律的风格，以真诚的态度与用户沟通，不能一味地讨好用户，而应站在用户的角度和高度，以用户的思维及他们喜欢的方式与之沟通互动。

董明珠第一次直播带货的销售额只有22万元，但她没有因此放弃，而是放下面子，放下高高在上的姿态，继续尝试直播带货，用真实的态度与用户交流互动，用大家喜闻乐见的语言来增强直播间氛围。结果，董明珠第二场直播带货的销售额飙升到3.1亿元，第三场直播带货的销售额奇迹般地达到了7.03亿元。

树立公信力，赢得信任

以李佳琦为例。李佳琦在粉丝心目中具有极强的公信力，而这主要源于他的真实。李佳琦认可一款产品，就会用一句"OMG"来赞美；不认可，就会"摇头杀"。产品好，他便不吝夸张；产品不好，他会毫不留情地直接怼回去，甚至敢于吐槽大品牌。李佳琦通过长期直播树立的公信力，正是其核心竞争力所在，即使用户原本没有购买需求，也会因为主播的个人魅力而产生购买行为。

与普通主播相比，企业CEO具有天然的公信力，名人形象带来的粉丝效应也会更加明显。同样，明星的公信力和粉丝效应也要比一般的"网红"更强。不过，明星和CEO需要通过降维与粉丝交流互动，释放个人的公信力，激发粉丝效应。

专业，具有掌控产品的能力

主播对产品的掌控程度不仅能体现其直播带货的专业度，同时也能决定产品"种草"的成功与否。

刘涛是聚划算的忠实用户，平时购物时就热衷于砍价和分享，这些都为其直播带货提供了很大的帮助。因为在砍价、挑选产品等方面的专业性，所以刘涛很容易将自己塑造成专业的主播形象，再加上明星效应，她的直播带货自然容易成功。

罗永浩原是锤子科技的CEO，精通各类数码科技产品，对产品性能、设计理念、使用功能等都有专业的理解，所以他的产品推荐更容易获得消费者信任。

董明珠是格力电器的董事长，她要比一般的"网红"主播更了解自家产品的优势和特点，同时她还能通过讲述团队故事、公司文化等向消费者"种草"。

综上所述，不管是明星还是CEO，只需要发挥自己的专业优势，真诚地向观众介绍产品，再辅之以少许的带货技巧，同样可以成为专业的带货主播，让自己的直播带货变得更专业，效果更好。

提前造势，引爆话题热度

直播带货要提前造势，储蓄直播能量。企业要在产品进入市场之前造势、渲染气氛，这是一种营销的智慧。造势才能蓄势，才能积蓄力量以待爆发。而提前造势却是许多品牌和商家在营销过程中严重缺失的部分。

从本质上看，直播带货是一种电商团购行为，这种营销自然也需要像别的营销活动一样提前造势。新主播在开启直播时很难引起各圈层消费者的注意，导致消费者不了解其直播内容。而提前造势作为一种营销宣传手段，能很好地凸显主播的价值和意义。很多商家希望自己的直播能够立即火爆起来，或者产品在短时间内就销售一空，这显然是一种错误认知。

罗永浩的直播首秀获得1.1亿元的销售成绩，与他在直播前的宣传造势密不可分。在罗永浩直播之前，媒体的猜测、官宣的新闻、网友的议论、品牌和达人的蹭热度等行为，都在无形中为其蓄积了能量。

刘涛在聚划算直播时，更是将宣传造势发挥到了极致。刘涛于2020年5月14日在聚划算直播首秀前，5月9日就开启了预热模式。2020年5月9日，刘涛通过微博对外官宣入职阿里巴巴，并为自己取了一个花名"刘一刀"，同时强调其未来将以"聚划算官方优选官"的身份入驻聚划算直播间。

刘涛官宣入职消息后，聚划算立即发起了"刘涛入职阿里巴巴""刘涛入职阿里　办公室300平"等微博话题，同时吸引了众多娱乐媒体、段子手、"网红"等KOL跟进，利用优质用户原创内容做引导，并衔接刘涛在5月14日直播首秀的预告。以话题为引导提前造势能广泛引起网友的关注，充分调动网友的参与热情，为直播间吸引更多流量。

总而言之，在开启一场火爆的直播之前，必须做好提前预热，通过制造极具讨论性的话题和极具传播力的内容为直播造势。只有这样，才能吸引用户提前参与到关于直播的讨论中来，事先建立直播流量池，圈住粉丝。等到直播开启时再联通各个渠道，让流量从外界决堤而入。

终极竞争：产品、价格与供应链

直播的竞争最终要归结于产品的竞争，或者说归结于选品、价格和产业链的比拼。营销与产品，前者是"术"，后者是"道"。产品既是营销的"放大器"，又是营销立足的根本。所以任何形式的营销都要根植于产品，直播营销自然也不例外。直播带货不是简单地将电商搬到直播间，直播带货经济有更深层的内涵。

总体来说，直播的竞争主要包括以下几个方面的比拼：

选品和价格

想要成功直播带货，除了要通过产业链获得优质的行业资源，还需要注重产品能力，而产品能力主要包含两个方面，即选品和价格。消费者进入直播间的根本目的是用更实惠的价格购买更优质的产品。如果明星能根据自己的人设和擅长的方向选品，同时带领幕后运营团队在直播策划、售后服务等环节完成良好对接，就可以让直播带货的效果理想化。

精准的用户洞察和持续的用户运营，是直播带货的另一个关键要素。明星直播带货一方面需要选择合适的直播平台；另一方面要在直播过程中营造良好的氛围和多元化的场景，同时还要通过友好的互动拉近与粉丝的距离，形成亲密的关系，赢得粉丝的信任。这些不仅能促进粉丝口碑的扩散，同时也能吸引粉丝进行持续复购。

直播带货所带的是"货"，所以无论用什么方法和手段，都需要紧紧围绕货品本身展开。对于明星直播带货来说，最重要的是选好货品，优质的货品才是直播成功的关键。

罗永浩根植数码科技领域，李佳琦致力于美妆领域，他们都专注于各自熟悉的领域，所以在选品上存在明显的优势。董明珠是格力电器的掌舵人，因此对自家产品更有话语权，更清楚自家产品的核心竞争力及它们与其他同类产品的区别，同时更明白用户对产品的需求是什么。

刘涛直播带货的成功，除了与明星的魅力和影响力有关，同时也与正确的选品有关。如刘涛在直播首秀上的选品就极具吸引力，戴森电吹风、iPhone11、椰子鞋等，都是当时流行的产品。

直播带货的成功与否，也取决于产品价格因素。董明珠在第二场和第三场直播中正是强化了价格因素，才使得销售额突飞猛进。刘涛在直播带货时也十分注重价格因素，往往是"一刀"便砍到底价，如半价海景房、两折深圳航空公务舱机票，以及多款用于秒杀活动的"爆品"。

供应链能力

通过比较明星直播带货和"网红"直播带货，可以发现，直播电商所比的不是明星和"网红"的影响力，而是其背后的供应链能力。例如，"网红"主播李佳琦、薇娅、辛巴，明星主播陈赫、李湘、刘涛，以及企业家主播罗永浩等，这些主播都属于各大直播平台的头部主播，他们直播带货的成功离不开背后专业团队的支持。

这些头部主播背后的专业团队会对招商选品、产品议价、流量定档、直播、发货、退货、售后、PR（公共关系）宣传等直播的每一个环节进行全方位策划和控制。正是在他们的支持下，主播才能最终实现超高的带货额。

观察这些头部主播在直播带货时所选择的商品，可以发现，这些商品主要具有以下几个特点：一是高频日用品居多，二是价格普遍较低，三是优惠力度普遍较大。这会导致用户的决策成本较低，冲动消费的可能性更大。这些情况都在彰显一个道理，即直播带货的核心竞争力是主播能否借助供应链，拿到足够便宜和质量过硬的货品。

时至今日，电商平台的竞争早已变成供应链的竞争，包括供应链时效的竞争和供应链壁垒的竞争。在直播带货时，主播需要确保所带货品的价格足够低，这样才能有助于"走量"，同时也有助于增加粉丝黏性。

无论大主播的带货能力有多强，如果没有足够的货品丰富度、快速的上新速度和超低的价格，也往往很难带动产品销量。许多"网红"主播之所以带货能力强，是因为他们掌握了足够强大的供应链。例如，一些"网红"主播会直接到供应链附近做直播或者直接采用工厂电商的模式做直播。基于强大供应链的直播带货不仅能保证产品的上新速度，确保稳定和足量的货源，同时还能打造超高的性价比，使直播效益大幅提升。

目前，许多明星和MCN合作机构已经意识到供应链在直播带货中的价值，并创造了相应的解决方案。现阶段，明星直播带货领域已经催生出多种供应链玩法，主流模式包括品牌集合模式、品牌渠道模式、批发档口模式等。

• 品牌集合模式：主动与多个线下品牌合作，建立直播带货基地，然后高价邀请"网红"主播或明星到基地进行直播带货。

- 品牌渠道模式：将"网红"主播或明星直接与几个线下品牌商绑定在一起，制作联名款产品。罗永浩就曾在访谈中提到过类似的合作模式，并希望投资和孵化一些新品牌用于直播带货。

- 批发档口模式：由一方牵头，将许多合作伙伴组织起来，共同加入直播带货的"后援团"，一起打造一个直播带货供应链。广州市曾经组织过一次大规模的直播节，其所采用的正是批发档口模式。

从目前的情况看，明星下场直播带货已经成为大势所趋。明星直播虽然有流量优势、粉丝效应，但想要让流量转化达到理想的效果，必须打造沉浸式的购物体验，在直播带货的过程中加入一些娱乐化元素，带给消费者不一样的购物体验。同时还要保证内容输出的持续性，提高自己的专业化能力，整合资源打造一条优质的供应链，在产品、价格方面形成核心竞争力，提高自己的整体竞争实力。

第五章 总裁带货记：
直播江湖崛起的新生流量

受疫情影响，原本在后方排兵布阵的CEO们齐刷刷地把战场移到了直播间。他们靠强大的品牌背书和对产品性能信手拈来的硬实力，成功突围，化身为直播间里的新生代流量。这似乎也告诉了所有人一个真理：只有和时代同频共振，才是拯救企业的不二法宝。

战绩：不想当主播的销售，不是好CEO

"首席主播"：企业CEO的角色变换

各大企业在认识到直播电商巨大的商业价值后，越来越多的企业CEO开启了线上营业模式。他们原本是企业的掌舵人和核心产品的缔造者，如今却纷纷化身品牌的"首席主播"，试图以直播带货的形式为企业创造价值。

2020年年初，受新冠疫情的影响，旅游业生存维艰。3月23日，携程董事局主席梁建章在抖音平台开启了自己的直播首秀，开播仅1小时，就卖出了1000万元的旅游产品。华丽的数据甚至达到"淘宝一哥"李佳琦一场直播带货的量级。但不得不提的是，这只是梁建章的直播首秀。

2020年4月13日，TCL实业控股CEO王成同样开启了自己的直播首秀，通过线上直播发售会方式为企业带货，开播1分钟就卖出3000台产品；直播1小时后，全网销量突破1万台。林清轩

CEO孙来春在首次直播中用2小时聚集了6万多观众，销售总额达40万元，与4个线下门店1个月的销量持平。银泰商业CEO陈晓东通过4个小时的直播吸引了22万人观看。红星美凯龙五大总裁直播首秀中，每小时观看人次超过千万级"网红"，排行淘宝直播观看人数前十。

其实，CEO直播带货早在2018年"双11"就已出现，阿里巴巴创始人马云做客淘宝主播李佳琦的直播间，与其PK卖口红。如果说当时马云的做法是为了给直播带货行业聚集人气的话，那么如今企业CEO纷纷试水直播带货的目的，已不再如此单纯。

在已经成为"红海"的直播电商领域，企业CEO直播带货的目的更多的是为了抢流量、抢生意、抢出路。近几年各行各业加快了对线上产业的布局，在疫情阴霾笼罩的至暗时刻，CEO们成为新生代流量，并逐渐影响着直播生态的布局。

不止带货：品牌营销新阵地

从表面来看，CEO直播只是一次行业试水，但它实际上体现了企业面对市场变化，敢于灵活转型和精益创业的思维和态度。这些参与直播的企业其实早已制定了数字化转型战略，其产品研发、销售渠道选择、营销方式转变等，都服务于企业的数字化转型。直播也不例外，它只不过是企业数字化转型的一个最突出的表现而已。

CEO直播是带货，更是带品牌

CEO直播带货本身具有合理性。过去，企业CEO需要举行大型线下发布会，这种发布会其实就是一场"直播"。只不过现在的直播是在线上举行，CEO所要面对的不再是现场的观众，而是广大的用户与粉丝。

在直播带货行业诞生初期，"网红"带货给消费者带来的最直观的感受是低价和便宜，而消费者下单的核心因素也是低价和便宜。然而，CEO带货更倾向宣传品牌，直播的核心目的是品牌营销，而不是带货。

CEO直播的优势在于拥有强大的信任背书。"网红"主播直播带货通常要推荐几十件产品，甚至是上百件，因为前期准备时间有限，他们很难充分了解如此多的产品，在推荐产品时可能因为解说不到位或者演示失误导致直播"翻车"。

而CEO直播所带的货必定是自家企业的产品，为了防止

"翻车"，在直播带货之前，相关部门一定会严格检查产品质量，充分做好产品背书。例如苏宁、海尔的总经理在直播时对产品质量和售后都做出了人格担保，在一定程度上打消了消费者的顾虑，让消费者更加放心地下单购买。

CEO直播如何赋能品牌

CEO直播是一种新兴的营销渠道，可以帮助企业强化品牌营销，通过品牌化建设为企业塑造新形象，从而沉淀品牌资产、实现品牌价值。

（1）开拓新的流量渠道

CEO直播带货可以借助直播这一新的流量渠道打破线下营销局限。CEO直播带货的目的是在线下销售之外，探索线上销售模式，开启线上销售渠道，实现多渠道品牌营销。

2020年4月15日，麦当劳中国区CEO张家茵通过线上直播对新品"麦麦脆汁鸡"进行了宣传。实际上，张家茵这次直播的目的并非通过线上渠道现场售卖"麦麦脆汁鸡"，而是通过直播宣传，吸引线上消费者关注品牌新品，促进消费者到线下购买产品。

（2）促进品牌营销的输出

小米总裁雷军的直播更像是一场线上发布会，其直播内容包括新品介绍、曝光、解说、宣传物料、公布售价、带货等。需要注意的是，整个直播将公布售价和带货放在了最后。这表明雷军直播的核心目的是品牌营销，而非带货。或者说，带货只是次要目的。这与罗永浩通过直播售卖小米10一样，尽管直播时并没有多少优惠力度，但很好地宣传了小米这个品牌，制造了新的话题，对品牌传播产生了积极的推动作用。

赋能企业数字化战略转型

对于知名品牌来说，CEO直播的目的更多的是增进消费者对品牌理念的理解，增强粉丝黏性，让品牌保持长久的影响力。在很多人看来，CEO直播主要是为产品背书，让消费者放心购买。但也有人认为，CEO亲自下场直播主要是为了近距离地与消费者沟通，了解消费者的核心需求，向消费者传递品牌理念与动向，增进消费者对品牌的理解。

CEO在直播带货时所要面对的不只是观众，还有整个产业链的相关从业人员，包括企业员工、合作伙伴、经销商等。因此，CEO直播不只是强化产品和品牌的营销，还涉及对企业战略布局的阐述，这样的工作也只有CEO才能胜任。

面对直播电商的发展浪潮，CEO直播可以起到示范带头作用，鼓励公司员工转变思维与观念，积极拥抱直播，推动公司向新零售、数字零售的方向转型发展。同时，CEO直播还能增强上下游合作伙伴的信心，给合作伙伴传递一个积极而清晰的信号。

2020年4月13日20点，TCL实业控股CEO王成化身"首席体验官"，开启了TCL·XESS旋转智屏线上直播发售会。在这次直播中，王成一身休闲装，以有趣的互动和场景化的展示，向消费者演示了旋转智屏的各项功能，如亲子体感游戏"飞机大战"，摇一摇手机将自己与女儿的合照投到旋转智屏上等。通过这些做法，王成将TCL这款黑科技硬核新品成功推荐给了广大网民。

在直播中，王成向观众阐述了这款产品的诞生逻辑："全民都进入了一个短视频的时代，大家都在刷手机。一个人刷很开心，如果投到我们的智屏上让一群人跟着你刷，会更开心，独乐乐不如众乐乐。"王成介绍的这款产品像是一个"55英寸圆角巨屏手机"，它顺应了当下年轻人的触媒习惯，能够让每天接触智能手机的Z世代年轻人以熟悉的竖屏方式观看抖音、快手等平台的原生视频。

王成的直播融入了场景战略的阐述、深入浅出的趣味互动和对年轻人需求的洞察，体现了CEO直播的特质。"不要设计冷冰冰的产品，要设计有温度、有美感的高科技产品。"这是王成在直播中所说的。在他看来，科技应向美而生，未来的科技一定是更人性化、更具温度的科技。而通过直播，王成的这些感受和体验也能传达给广大观众。

王成的这场直播取得了良好的成绩，这主要有两方面原因：一是直播推荐的创新产品足够硬核，二是深入浅出的场景化互动。在直播当晚，王成在京东的直播间累计在线观看人数达到了83万人，点赞量高达145万次。直播的商品在当晚21点正式开售，购买通道开启后，直播气氛瞬间达到高潮，仅1分钟，销售量就突破3000台，1小时后，全网销售量突破1万台。CEO直播的超强带货能力可见一斑。

在CEO直播的背后，体现的是企业在面对市场和生态变化时的品牌营销能力、数字化转型能力和进化能力。CEO直播是从产品、战略、营销、售后等多个方面，对企业形象和产品服务的全面推广，它既是对企业价值的输出，也是对企业能力的考验。

不可否认，在疫情严峻之时，直播电商为许多企业带来了希望，特别是线下产业可以借助直播电商摆脱眼前的困境。而企业家直播则能发挥流量和可信度优势，为行业带来更多信心和鼓励，这或许才是其真正的意义。

企业家直播带货的冷思考

随着企业家直播的兴起，业内人士也提出了不少质疑：企业家究竟应该把精力放在直播露脸上，还是放在发展技术和提升企业综合实力上呢？毫无疑问，对于企业来说，后者更为重要。

对于直播带货，有的人认为它是风口和红利，是一种中国式的新机会，但也有人将其看作莫大的风险。例如，中国飞鹤集团董事长冷友斌就表示："企业家注重直播带货不是个好形势，应该注重把企业做好，而不是变为一个销售员。"

冷友斌认为，企业家不能将直播带货看得过重，不能只着眼于短期提升销量赚钱，而应从企业的长期发展考虑，制定可持续战略。尽管直播带货是一种创新的营销方式，但企业仍需厚积薄发，多与消费者进行有效互动，为他们带去更好的体验，将数字化、新零售利用好。

企业家带货双刃剑：机遇与风险并存

如果企业家在带货自家产品或服务时出现"翻车"或失误，很有可能给自身品牌带来成倍的伤害和打击。此外，企业家在直播时，一言一行会被观众放大审视，如有不妥，可能会给企业发展带来不利影响。

具体来看，企业家直播带货面临的挑战主要有两个：一是对企业供应链的考验，成功的直播带货需要持续地输出高标准、高质量的产品；二是企业家和团队要在展示形式和直播专业程度上付出努力，成功的直播带货往往拥有丰富的展示形式和较高的专业程度。

大多数情况下，企业家开启直播带货的核心考量并不是带货，而是提升品牌效益。也就是说，他们认为直播带来的广告效应要大于经济效应。不少企业总裁或董事长愿意尝试直播带货，主要是出于消除疫情对企业运作的影响的考虑。

尽管CEO直播有很多优点，但受各种原因的影响，CEO直播似乎很难成为一种常态。

一方面，虽然CEO直播可以利用自身的人格魅力为品牌背书，提升品牌的美誉度，增进消费者对品牌的认知；但从时间来看，CEO每天上线直播似乎不太现实。

另一方面，从工作划分来讲，CEO要承担的工作有很多，例如明确企业发展方向，商谈企业合作，规划新产品、新业务等。如果CEO每天上线直播卖货，取代销售人员的工作，是不是就意味着销售人员要承担原本应该由CEO承担的工作，负责统筹企业运营呢？内部运营秩序被打乱，企业必将难以实现可持续发展。

另外，从本质上看，直播只是一种营销工具，可以帮助企业实现数字化转型。但直播毕竟不是生意，相较于亲自下场直播，更多CEO还是想把握企业发展方向，培养更多优秀的主播来为自己带货，实现企业的数字化转型。

价格战导火索：低价与高品质的再权衡

企业家直播的成功案例为行业树立了信心，但企业家直播不是企业的救命稻草，这主要有两个原因：

● 首先，大多数企业家直播只是一种尝试，直播带货对企业销售的带动作用有多大，还需要进一步探索，目前很难验证其可持续性。

● 其次，直播可以带来一些创新，但无法拯救日渐式微或存在痛点的领域。疫情结束后，企业家走出直播间，重新回归企业管理，原来的问题可能依然存在，而且还会带来新的问题。

如果直播带货只是赔钱赚吆喝，贱卖产品冲量，那么低价模式必然难以持久，被压低的客单价也难以回升，更不会被消费者所接受。

海尔集团首席执行官张瑞敏在谈及直播带货时表示："直播带货不管多么红火，都缺不了一句话——全网最低价。这意味着大家在打价格战了。"这种现象之所以会出现，自然是有原因的。张瑞敏认为："因为你没有什么新鲜的东西，应从产品思维转为物联网思维，未来所有的产品和行业都会被用户所需要的体验生态覆盖。"

有的网友非常支持张瑞敏的观点，认为价格战难以持久，同时表示："优秀的产品质量就会在同一价格下体现出来，自然会让更多的顾客信任品牌本身的价值。但价格低了，在保证利益的基础上，产品质量就会下降，因此还需做权衡。"

不过也有网友认为，企业经营的核心是效率，所以直播带货和电商仍有较大话语权。商品从生产到流通，会经历层层加价，每个环节的差价都代表利润，这才是各行各业及成千上万的从业者生存的根本，也是推动整个社会前进的动力，而直播和电商却砍掉了这一中间环节。

疫情期间，企业面临线下流量下滑的困境，这个时候尝试直播等新的销售模式具有重大意义。但对于大型企业来说，开拓线上、直播、新零售等多元化的销售模式，才是长久生存之道。

总之，在疫情期间，企业家和"网红"直播带货是企业的重要销售渠道和收入来源，企业家直播和直播平台更注重通过流量引导来增强品牌效益。但是，企业家直播还要与其他价值相配合，不断拓宽销售渠道，提升产品竞争力。也就是说，企业家直播最终要回归到销售本质上来。

CEO直播"翻车"自救指南

对于CEO来说，虽然他们非常熟悉镜头，习惯站在镜头前讲话，但面对直播带货这个具有一定专业性要求的领域，依然逃脱不了"翻车"的命运。例如，董明珠在直播首秀中频频"翻车"，直播画面多次卡顿，导致在线观看人数断崖式下跌。

但有些时候，在观众看来，一些直播"翻车"更多的是一个笑料，只要企业的危机公关处理得当，不仅不会给品牌带来负面影响，而且还会产生反向营销效果。那么面对直播"翻车"，企业CEO要如何自救呢？

品牌效应优先

在直播带货的热潮中，2020年4月24日，董明珠在抖音献上了自己的直播首秀。这场直播与大多数直播的不同之处在于，董明珠没有在直播过程中一味地引导消费者下单，而是带领观众参观了格力总部，并对公司及多款格力产品进行了细致介绍。正如董明珠所说，"这场直播首秀的目的不是带货"，而

185

是向受众传递产品设计理念，传播品牌文化。

虽然直播前相关部门做了很多准备，但董明珠的这场直播首秀依然"翻车"了。多次画面卡顿，导致观看人数大幅下降。即便如此，"翻车"并未给品牌带来太多负面影响。因为在5月开启的第二次直播中，董明珠仅用30分钟就让成交额突破了1亿元，整场直播带货3.1亿元。

另外，从数据表现来看，董明珠的这场直播首秀不算失败。根据第一财经商业数据中心公布的数据，这场直播首秀最高在线人数近22万人，累计观看人数431.78万，获得音浪打赏340.73万，数次冲上抖音直播小时榜榜首。在CEO主播中，董明珠已经处于头部主播的地位。

直播富有趣味性，以实际行动和诚意补救"翻车"

在CEO头部主播的队伍中，还有一位CEO备受关注，那就是罗永浩。自入驻抖音以来，罗永浩贡献了多场直播。直播的场次越多，"翻车"事件自然也就越多，其中最严重的一次是在第三场直播中，团队成员将商品价格与数量标错，造成"翻车"。

这场"翻车"直接给购买商品的消费者造成了经济损失，

其影响自然要比直播画面卡顿等技术故障严重得多。但事情曝出不久，罗永浩就发布视频向粉丝道歉，并且自掏腰包弥补消费者的损失。这场及时的危机公关不仅帮消费者挽回了损失，而且增强了消费者对罗永浩的信任，为其带来更多粉丝。

合理分工，避免"尬聊"

对于CEO直播来说，与其考虑如何在"翻车"后补救，不如考虑如何防止"翻车"。术业有专攻，解决"翻车"的最好方式还是与专业主播合作。虽然很多CEO对路演、演讲非常熟悉，但直播带货与演讲不同，有一定的专业性。例如，盒马鲜生的总裁侯毅曾做客薇娅直播间为湖北农产品带货，在薇娅专业的带货技巧下，仅用5秒钟就售出600万只湖北小龙虾，还有许多其他的农产品。

这场直播就是CEO与专业主播合作的最佳实践，一方面，盒马鲜生的CEO亲自下场直播，为产品背书，获得了更多消费者的信赖；另一方面，薇娅利用自己规模庞大的粉丝群体及成熟的带货技巧，在短时间内将产品售罄。这场CEO与专业主播合作的直播，不仅在产品销量方面获得了成功，而且达到了很好的品牌传播效果。

董明珠带货百亿元背后的直播启示

私域变现：董明珠直播带货的本质

对于大型企业而言，由于企业的经营模式相对稳定，因此其与新生事物的结合也更加谨慎。以格力电器董事长董明珠的直播为例，其前4场直播的销售额分别为22.53万元、3.1亿元、7.03亿元、65.4亿元，带货成绩节节攀升。到2020年6月18日格力"智惠618·健康生活家"主题直播活动，更是创下102.7亿元的销售纪录，在企业界引起了极大震动。

从首场直播不足23万元，到"6·18"直播打破纪录的102.7亿元，董明珠直播辉煌业绩的背后实际上是对私域流量的大幅收割。依靠格力庞大的经销网络，经销商可以为直播间精准引流，并通过二维码建立联系；直播带动产品销售后，企业再根据利润与经销商分成，使经销商获得可观收益。除经销商通过"拉人头"方式获得的收益，企业额外的直播收益也会根据区域划分，分配给经销商。

通过经销网络打通的网络直播渠道，获取了更精准的用户，必然能够取得不错的销售成绩。在企业竞争日益加剧的背景下，董明珠直播打造的业界"神话"，也必然能够提升私域流量变现模式的影响力。

但格力网络直播所取得的惊人成绩不仅与董明珠个人的影响力有关，更是基于格力极强的响应速度和执行力。多年来，格力电器在线下打造了庞大的经销网络。根据格力官网公布的数据，格力现有专卖店超过3万家，经销网点超过6万个，专业售后服务网点1.3万余家，专业售后服务人员15万余人。而在格力的网络直播模式中，线下与线上渠道被充分打通，线下精准的用户群体可以被引流到线上，从而成就了超过百亿元的带货成绩。

在格力的直播模式中，总部分配订单给当地经销商，线下经销商可以汇集线下用户，将其转变为线上流量导入直播间，直播带货销售成交后，利润统一归入总部，总部再根据经销商带来的流量所达成的成交额分发利润。在整个过程中，格力还设置了一系列转化活动，以促成线上线下一体化。

对格力而言，网络直播最主要的目的不是销售产品，而是为线下专卖店和经销网点注入新流量。网络直播拉近了品牌与消费者之间的距离，让消费者更加了解品牌、信任品牌，从而提高了企业的生命力。从总体来看，企业进行网络直播需要打通公域流量、私域流量和商用流量：

- 公域流量指的是商家直接入驻平台进行流量转换。公域流量相对容易获取，但黏性差、稳定性差。对格力而言，通过专卖店和经销网点这种现有的传统渠道进行覆盖，就是公域流量打法。

- 私域流量指的是相对公域流量而言，不需付费、能够直接触达用户的渠道。对格力而言，通过企业董事长董明珠进行品牌和产品宣传，便能够将私域流量转化为销售额。

- 商域流量即需要付出成本获得的流量。在格力的直播中，指的是参与直播的任泉、王自如等带来的流量实现的销售额转化。

在"公域流量+私域流量+商域流量"的模式中，为了让直播带货的效果达到最大化，同时节约直播带货成本，企业一般会广泛覆盖公域流量并高效驾驭私域流量，但对于商域流量的使用会比较克制。

企业直播带货常态化

直播带货的直接目的是促成交易，而要提高商品的变现频率需要对商品进行选择，利润空间大且能够体现品牌品质的商品更适合进行直播推广，消费者面对这样的商品也能够更快做出购买决定并对品牌形成基本认知。但对企业而言，利用直播打价格战不利于消费者形成品牌认知。

比如，在董明珠的一次直播中，一件售价3500元的商品在直播间优惠了600元。对消费者而言，如此大的优惠力度必然能够促成交易；但对企业而言，低价销售的直播带货并不适用于企业的常规营销。

依靠优惠吸引消费者的直播带货，更适用于传统营销。因为在传统营销模式中，品牌与消费者之间的关联度很低，消费者往往会基于优惠做出购买行为，而这对品牌而言只获得了一次简单的交易。

移动互联网的发展颠覆了传统的信息传播方式，进入了人人都可以成为自媒体的时代，个体可以集传播者、消费者、销售者这三种不同的角色为一体。在这样的背景下，直播对品牌而言不再仅仅是一种营销渠道，更应该成为品牌与用户连接的纽带。企业需要将互动直播常态化，在直播中以用户为中心，深入挖掘用户需求，并站在消费者的角度对品牌进行精准定位，促使产品实现优化升级，实现渠道的全面铺设和传播的广泛覆盖。

直播互动常态化有利于将"认知、交易、关系"融为一体，极大地提升品牌的渗透力，让品牌通过精准的渠道触达消费者，提升消费者的体验，让直播对品牌价值的塑造实现最大化。

在一系列直播活动结束后，"董明珠直播"已经成为格力常态化的营销活动，格力的官方网站也配套开通了"格力董明珠店"板块。对于格力而言，直播常态化将推动线下专卖店和经销网店转变为企业的"体验店"，缩短品牌与消费者之间的距离，为消费者提供更加人性化的服务。

第六章 品牌挑战说：

企业的骚动、迷乱与探索

2020 的直播电商是一场具有社会性意义的实验，企业作为第一波实验品，需要勇敢和智慧并存。同时，不难想象，企业在这个过程中，一定经历过骚动、恐惧、怀疑、迷乱的情绪。这种近似集体性的情绪，是 2020 年中国经济的符号性记忆。

品牌博弈：直播带货浪潮的AB面

品牌直播带货的销售"魔法"

在快速迭代的互联网环境中，我们常会听到"互联网下半场""流量红利见顶""获客成本变高""行业出现马太效应"等观点，这些观点刷新人们的认知，同时也刺激着品牌商的焦虑神经。于是，陷入焦虑和恐慌的品牌商们只能顺应行业发展趋势，想方设法利用社交媒体制造声量，不断用重金拉拢当红主播，将自己的品牌打入直播间。

虽然头部主播可以在短时间内提高产品销量，但在离开直播间之后，这些品牌又该如何保证自己的销量呢？直播电商固然创造了很多销售奇迹，但在品牌打造、渠道运营方面，直播电商又有怎样的商业价值？品牌历经千辛万苦让自己的产品进入薇娅、李佳琦等头部主播的直播间，但有多少品牌能借主播的热度形成自己的影响力呢？在头部主播带货狂欢的背后，品牌必须清晰地认识到这些问题。

直播带货的魔力：10分钟完成一个月销量目标

2020年7月，某国际帽类品牌在李佳琦的直播间投放了一场直播，产品上线不到5分钟，李佳琦对产品的介绍还没说完，预先准备的1万顶渔夫帽就宣告售罄。为了满足粉丝狂热的购物需求，后台紧急加售预定款1万顶，5分钟后，预定款全部售空。

这场直播经历带给品牌负责人极大的震撼，虽然与李佳琦团队接洽的过程比较坎坷，但直播效果却远远超出预期。按照该品牌正常的销售业绩，1万顶渔夫帽应该是一个月的销量。直播结束后，这款渔夫帽仍在不断出货，当月的出货量比往年同期高出了1倍。

这些数据不断刷新品牌商对直播电商的预期，使得他们纷纷投入直播电商的怀抱。他们有的自己打造直播间，有的主动寻求与头部主播合作。根据淘宝平台公布的数据，2018年至今，淘宝直播商家增长了近3倍。同时，等待与头部主播合作的品牌队伍也逐渐壮大。

但在直播电商行业，头部主播的数量有限，主播的时间与精力也有限。如果一场直播4小时，要完成48款产品的带货，平均每个产品就只能占用5分钟。即便如此，薇娅、李佳琦等头部主播的门外也排起了长队，品牌平均候场时长为1个月。有些品牌在候场的过程中会加足马力生产，以应对突然暴增的销量。

品牌直播带货的营销优势

一直以来，企业都将投放广告视为企业宣传的首选渠道，然而在去中心化的全民直播时代，巨额的广告费似乎只能起到广而告之的作用，无法与消费者建立信任关系，更无法解决转化问题。再加上各种规则与条件的约束，导致广告效果大打折扣。

相较传统的广告投放，直播有很多优点，例如投入预算少、与观众实时互动、内容更加真实、内容发布更多元化、传播效果更好等。更重要的是，直播可以解决广告无法解决的转化问题，可以通过与观众密切互动获得观众的信任，引导其下单购买，从而完成转化。所以目前，投放直播已经成为企业首选的营销方式。

首先，直播带货可以更好地激发人们的购物冲动。从消费者的角度看，通过主播对产品性能的讲解与展示，消费者可以更深入地了解产品，更充分地融入购物场景。同时，在直播过程中，消费者可以与主播实时沟通，进行情感沟通与交流，从而产生购物冲动。

其次，对于消费者来说，直播内容是其决定是否观看直播的一个重要因素，而在直播内容中，充分展示产品特点又是一个非常重要的因素。因为任何一场带货直播都是围绕产品展开的，全面了解产品是消费者的核心诉求。为此，在直播过程中，主播必须全面展示产品的特点与性能，让消费者全面了解产品特性。

● 利用视频直播展示商品，可以让消费者对商品信息产生更全面的了解，从而降低试错成本。

● 在直播过程中，主播可以与消费者实时互动，回答消费者的问题，给出真诚的购买建议，这些都会带给消费者极致的购物体验。

● 自带流量的明星、"网红"加入直播电商，一方面可以有效地提高直播间的转化率，另一方面可以开展精准营销，保证营销效果。

最后，对于商家来说，投放直播电商不仅可以销售产品，还可以对产品进行宣传，在降低成本、获取更多流量的同时，提高商品的变现效率，增加销售额。电商与直播的结合，颠覆了传统电商的运营模式，利用互联网场景化、生活化、经济化的优势，将商品与用户联系在一起形成闭环，引导变现。在直播电商模式下，商家无须在广告宣传、流量购买等领域投入太多资金，可以有效降低宣传成本。

目前，直播已经逐渐成为销售经营的"标配"，它可以聚拢目标消费人群，为品牌和产品进行精准的市场推广，通过优惠和互动刺激用户消费，同时也能间接扩大品牌在目标市场中的知名度。但是要达到这些效果，并不是靠卖货主播几分钟的口头宣传就能实现的。

如果以打造品牌为目的开展直播，直播的形式会更加多元化，同时也能为消费者带来更加丰富的体验。随着消费需求不断升级，重复卖货和低价刺激，无法让消费者对品牌保持长久忠诚，只有通过不断创新和新鲜的刺激，才能让他们对品牌保持长久的关注和喜爱。一个成功的品牌往往离不开持续的品牌塑造及品牌理念的持续输出。只有以新鲜的方式将品牌理念更好地传达给消费者，才能让品牌立于不败之地。

被困在直播间里的品牌

　　与其他推广方式相比，直播具有低营销成本、高用户渗透、有效的营销效果等优势。但需要明确的是，直播电商不是品牌发展的全部，它只能对品牌发展起到锦上添花的作用。

直播中的品牌没有C位

　　直播电商中有一些知名的头部主播，比如李佳琦、薇娅、罗永浩等。许多品牌与这些头部主播合作时，以自降价格和附带赠品的方式将产品投放到各大直播平台售卖，试图通过直播来提高销量或增强品牌效应。不过，只要仔细观察就会发现，没有哪一个品牌能在直播中占据C位，更多光环都聚集在"网红"主播身上。例如，消费者观看李佳琦的直播，往往不是受某个品牌的吸引，而是李佳琦自身的吸引力。另外，主播与明星的联动直播也是如此，直播间的产品之所以能快速销售出去，往往不是因为品牌，而是与粉丝们的追星行为密切相关。

　　大多数用户观看直播并购买产品的原因大致有以下几点：一是由于主播的号召力，二是由于直播内容的娱乐性，三是由于价格的优惠。用户很少因为产品本身的影响力而通过观看直播去购买。因此，品牌想要通过头部主播直播来增加用户对品牌的黏性或者培养用户对品牌的忠诚度，显然不是一件容易的事情。

低价效应冲击品牌价格体系

主播团队大多是买手团队，他们的主要任务是挑选商品、预估销量、进货、备货、直播销售、发货等，形成一个完整的商业闭环。因为主播团队要为粉丝服务，所以在与品牌合作的过程中，双方难免会发生博弈。

头部主播在卖货时通常会考虑两个问题，一是如何提升销量，二是如何维护粉丝关系。基于这两种考虑，头部主播往往会要求品牌方降价，并将"全网最低价"作为噱头。而持续低价销售可能会破坏品牌的价格体系，同时也会导致消费者只在低价购买，价格一高便进入观望状态。在某种程度上，主播通过直播产生的销量，是从品牌日常销售中吸收销量的结果。主播代表着品牌和粉丝双方的利益，在反复博弈中，如果品牌方不能满足主播的要求，粉丝就可能力挺主播而敌视品牌，导致品牌形象受损。

目前，"全网最低价"依然是主播吸引粉丝最有效的噱头。李佳琦直播间就曾因为商品价格问题引发风波。在直播过程中，有粉丝表示某饼干在其直播间的售价比薇娅直播间贵5元，李佳琦因此事呼吁粉丝退货。该事件的背后体现的就是李佳琦直播团队与该饼干品牌博弈的失利。

品牌在与头部主播合作的过程中，往往要就价格问题进行多次协商。例如，李佳琦直播间的产品报价已经形成了一个默认的规则：李佳琦报出的产品价格必须确保在采购价基础上增加10%~20%的分成后依然是全网最低价。对于品牌来说，虽然短时间内产品销量暴增，但以如此低的价格销售，几乎无利可图。在直播电商领域，这种情况比比皆是。

除销售额分成，有些头部主播还要收取坑位费，而坑位费的收取没有固定的标准。面对一线大牌，头部主播可能自降坑位费或者不收取坑位费。而面对一般品牌，主播的坑位费可能会很高。这种情况说明，虽然一线大牌也需要头部主播带货，但在与主播的博弈中显然占据上风。而中小品牌在获利空间被不断压缩的情况下，只能寄希望于通过头部主播的带货直播"一炮而红"。

主播、MCN机构、平台等的层层报价可能会给品牌商带来巨大的预算损失。在平台推荐机制下，大约有80%的流量被头部主播占据，而头部主播的数量并不多。品牌方为了让自己的货品进入头部主播的直播间，往往会尽量满足他们的要求。这很可能会造成一种不好的结果，即产品的销量确实有较大提升，但利润却被主播、MCN机构和平台抽分殆尽，有时品牌方甚至会亏钱。

但对于品牌商而言，直播带货是一种迫于无奈的选择，因为只依赖传统销售渠道很难实现销售规模的增长。直播带货的最终结果很可能是消费者获得了实惠，主播、MCN机构、平台赚得了利润，而品牌方只赚到了"吆喝"。

直播"翻车"给品牌带来的伤害

野蛮生长的"网红"带货是资本逐利和市场运作的产物，它象征着"互联网+"时代下营销与流量格局的演变。毋庸置疑，品牌商借助主播带货的确为自己带来不少好处，但同时也产生了一些问题。

"网红"带货火爆的同时，也频频出现"翻车"现象。例如，某主播因在卖货时虚假宣传，被推上了舆论的风口浪尖。消费者质疑其推荐的"阳澄湖大闸蟹"是虚假宣传、误导消费。该主播在直播间号称所卖产品是"阳澄湖大闸蟹",但消费者通过客服了解到,其销售的产品其实是其他地区的湖蟹。另外产品公司号称"23年老品牌",结果公司注册时间却是2015年。

类似的现象还有很多。例如,李佳琦在直播间推荐的一款不粘锅,竟然在演示煎鸡蛋时粘锅了。虽然李佳琦极力救场,并不断解释"它其实不粘",但网友却并不买账,纷纷给出"垮了""翻车"等评论。一旦主播带货"翻车",无论品牌商还是消费者,都会受到极大的影响。

直播带货or直播带品牌

目前,对于品牌方来说,直播电商的商业价值还停留在短时间内大幅提升产品销量阶段,在品牌形象塑造、品牌影响力扩大等方面所能发挥的作用非常有限。

从本质上看,直播带货就是一种促销活动,通过打折降价、买赠等方式快速销售商品。有些业内人士将直播带货与电视购物放在一起进行比较,认为这两种促销模式在形式上几乎一模一样,都是通过夸张的肢体语言、激情的叫卖和超低的折扣，刺激消费者下单购买。具体来看，品牌直播带货有两大核心要素，一是低单价，二是高折扣。

- 低单价：为了刺激消费者产生冲动消费，品牌直播带货的商品价格不能过高。以薇娅为例，薇娅推荐的商品价格大多在几十元到几百元之间，只有极少数产品的价格能达到上千元。但结果证明，几十到几百元之间的商品销量更好。如果商品单价过高，消费者在购买时就会冷静思考自己是否真正需要这款产品，如果不需要，就会放弃购买。

- 高折扣：直播带货的商品必须有较高的折扣，对消费者产生较强的刺激。仍以薇娅为例，她推荐的商品的折扣往往能达到4折、5折，让消费者享受实实在在的优惠。正是基于这一点，薇娅直播间的商品才能在短短几秒钟之内就被抢购一空。

如果没有这两个条件加持，直播带货很难达到很好的效果。以品牌商品为例，因为已经花费了大笔资金投放广告，所以商品即便进入直播间也很难再有较低的折扣。例如某意大利小众品牌的女包，进入薇娅直播间没有给出任何折扣，只是附赠一款牛皮卡包。即便有薇娅的妙语连珠，这款女包的销量也不是很好。

还有一种方式叫作"直播带品牌"，就是利用主播的流量提高品牌的曝光度，扩大品牌的推广范围，产生广告效应。例如，一些企业邀请主播参观自己的工厂，在工厂内进行直播。这可以让消费者看到自己的生产实力，增加对品牌的了解，增强对产品的信任，让企业和品牌在消费者心目中留下良好的印象。蒙牛、长城、格力等都曾做过此类直播。

从2020年4月开始，董明珠进行了数次直播带货，带货成绩节节攀升，从首场直播的22.53万元，再到3.1亿元、7.03亿元、65.4亿元、102.7亿元，董明珠从"网红企业家"摇身一变成为"带货女王"。谈及直播带货的最大成就，董明珠认为是"向大家展示了格力的企业文化"。

在第一场直播带货活动中，董明珠就带领广大网友"走进"格力，向大家展示格力完整的家电产业链，改变了大家对"格力就是空调"的固有认知。虽然直播首秀的带货成绩不佳，但从品牌宣传和直播效果来看，那确实是一场成功的直播带货。

虽然直播带货的风头正盛，但这种销售模式并不适合所有品牌，而"直播带品牌"却有广泛的适用性。随着5G技术即将实现大规模应用，"直播带品牌"有望成为一种常规的营销模式。例如海底捞的后厨直播计划，通过摄像头与显示屏将后厨的环境、食材与菜品的制作过程展现出来，在消费者心目中形成安全、健康、卫生的品牌形象。小米10的线上发布会也属于"直播带品牌"，通过线上直播让消费者了解小米10，对这款手机形成良好的印象。

打开淘宝、拼多多等平台就会发现，"直播带品牌"已经成为一种主流的营销方式。消费者随意点开一家品牌旗舰店，进入店铺首页，就会在右上角看到"掌柜在播"的窗口，点击进去就能看到主播在直播。直播的商品价格并不便宜，其目的也不是销售产品，而是向大家介绍品牌，让消费者形成品牌认知，进而产生消费行为。

在直播电商火爆的当下，品牌不能只看到直播的带货能力，也应该看到直播在塑造品牌方面的作用，要利用直播塑造品牌形象，让消费者了解品牌，进而做出购买行为。对于品牌来说，每当上新产品或者推出新活动时，都可以采用这种方式进行宣传。

私域直播：构建循环持续性流量

为了打破平台、头部主播对流量的垄断，夯实自己的流量基础，提高"直播带品牌"的效果，九阳、大希地等行业头部品牌开始尝试自建直播体系，搭建品牌自有的直播平台，组建专业的直播团队，通过自有主播沉淀私域流量，培养品牌粉丝。以九阳为例，九阳在淘宝平台有25家店铺，这些店铺每天进行至少8个小时的直播，推销九阳产品。这些自播平台为九阳贡献了至少50%的粉丝。

虽然品牌自播可以沉淀自有粉丝，但很容易遭遇粉丝增长局限。为了解决这一问题，品牌也做了很多探索。例如，九阳正在尝试打造PGC栏目，希望通过与明星合作，将站外流量导入直播间。但目前，这种尝试还未达到预期效果。在当下的购物场景中，消费者还无法接受这种新消费形式。面对这种情况，九阳调整了直播平台的定位，正在努力将直播间打造成内容生产平台，希望用有趣、有价值的内容吸引更多用户，培养用户心智，提高用户对品牌的认可度与黏性。

需要注意的是，随着直播电商迅猛发展，业内出现了一些新的商业运行规则。以淘宝平台为例，随着主播人数、签约的直播机构的数量暴增，淘宝直播逐渐形成了一种新的商业形态，开始对主播、直播机构推行新的流量分配法则，按照成交额、成交单数、在线人数、在线停留时长等指标分配流量。如果平台分配给某主播的流量没能被有效利用，下一次分配给该主播的流量就会大打折扣。

除此之外，淘宝直播开始悄悄推行流量付费机制。未来，平台主播与直播机构的价值将根据流量来确定。在此形势下，直播电商行业将形成一个全新的商业形态。届时，无论薇娅、李佳琦等头部主播，还是品牌自播，都必须顺应新的流量规则，探索新的直播带货模式。

时尚奢侈品牌适合直播带货吗

新冠肺炎疫情对各行各业都带来了不同程度的影响，时尚行业也不能幸免。

对于时尚品牌尤其是奢侈品牌来说，直播不仅意味着线上带货，还要将线上作为品牌理念的宣传阵地，利用直播的宣传效应将消费者引导至线下门店消费。尽管疫情在一定程度上催化了人们线上消费的需求，但与大众商品不同的是，奢侈品更加注重优质的商品体验与服务细节，强调产品背后的品牌价值和文化理念，以及与顾客更多感情层面的沟通。因此对于奢侈品牌的消费群体来说，他们通常不会在直播中购买这种高客单价的产品，而是更倾向在线下实体店消费，近距离地感受产品，享受服务体验。

2020年3月26日晚上8点，奢侈品牌路易威登（LV）利用企业官方账号在小红书进行了首场直播。这场直播在LV上海恒隆广场旗舰店进行，由品牌方邀请的明星钟楚曦和程晓玥担任主讲人，介绍LV春夏系列新品。与其他带货直播间不同，此次直播没有在直播间推出购买链接。时尚商业新媒体时尚商业快讯的数据显示，LV的小红书账号一共有12万粉丝，"LV夏日直播间"直播首秀1小时共吸引1.5万人观看，人气值高达626万。

LV将直播首秀放在小红书，令许多观众感到意外。很多人以为它会选择抖音、淘宝等直播前列阵地作为首秀平台，因为这些直播平台更加注重卖货变现。但实际上，以"全网最低价"为口号的抖音、淘宝等直播平台并不适合奢侈品牌。

对于奢侈品牌来说，直播的关键词应该是互动，而非以最低价卖货。奢侈品牌对外宣传渠道有很多，但不管使用哪种渠道，最重要的是保持奢侈品的调性。小红书的电商属性虽然较低，但却是一个非常了解产品和品牌的平台，其客户群与奢侈品牌十分契合。

传统奢侈品牌常给人高高在上的印象，LV为了打破年轻一代对奢侈品的这种刻板印象，选择与时尚博主和当红明星合作。时尚博主熟悉中国的生态和语言，而当红明星则拥有强大的粉丝基础。因此，邀请他们进行直播可以为品牌制造更多话题，带来更高热度，刺激消费者购买产品。

在此次直播过程中，LV品牌调动了中国各大门店600多名店员通过评论和留言与消费者互动，引导他们到店选购。与此同时，主播也在直播讲解时不断强调观众可以通过电话、品牌官网或小程序下单购买。实际上，LV品牌方更希望通过这次直播打破消费者与品牌、导购之间的壁垒，将线上流量引入线下门店，最终实现交易。

不过可惜的是，这次直播并不算成功。因为对网友来说，这次直播的布景、打光及主持人穿着过于随意，让他们感觉有失水准。但是换个角度来看，这可能是LV品牌方有意为之，它试图走亲民路线，借直播拉近与消费者的距离，所以才会以一种日常化的基调将品牌和产品融入消费者的生活之中。但由于消费者对奢侈品的"高贵"特质印象根深蒂固，故意为之的"亲民"表象反而让消费者感到其不够重视此次直播。由此可见，奢侈品牌想要走直播路线，是一件任重而道远的事情。

法国的高端腕表品牌泰格豪雅（TAG Heuer）也做了相同的尝试。2020年3月24日，泰格豪雅在淘宝直播开启直播首秀，时长约2个小时，总计观看人数达10万人次。在直播前的15分钟，品牌方主要播放品牌宣传片，之后以主播与博主互动的形式进行，主要展示了产品的设计、功能、特性等细节。这场直播同样鼓励现场观众去线下专柜购买产品，一定程度上达到了向线下引流的目的。对于高级腕表品牌来说，此次直播是一次超前的尝试，想要在直播电商领域取得更大的效果，还需要进一步探索。

除了一些高端奢侈品牌"试水"直播，许多普通时尚品牌也纷纷加入直播的浪潮。

时尚品牌太平鸟采取了"all in（全部押进）"政策，即要求全员上岗直播。受疫情影响，太平鸟公司将内部员工调整为4个新团队，分别是吸粉组、种草组、拔草组和助威组，要求中国门店导购全员上阵直播带货。2020年3月8日，太平鸟以"女王节"为主题，共直播40余场，合计销售额达2.46亿元。太平鸟通过线上直播引来了大量流量，提升了产品销量，实现了近一半的营业额。

运动品牌耐克的直播形式更加多元化。2020年3月26日，耐克在淘宝进行了"Nike Air Max Day"内容直播，无论内容还是形式都十分丰富。耐克特别邀请主持人李晨、音乐人臧鸿飞等明星，以及一些名人、媒体人、球鞋收藏家等参与了直播，同时还在直播中设置了盲猜鞋款、"谁是卧底"等颇具娱乐性的游戏环节，共吸引了278.6万人观看，可谓相当成功。耐克在抖音、看点等平台的直播则主要以健身内容为切入点。健身内容分享是耐克的长远计划，也是其最值得称赞的地方。通过这些分享，耐克树立了良好的品牌形象，培养了用户的观看习惯，为品牌文化建设打下了良好的基础。

在直播浪潮中，不同的品牌取得了不同的效果，但不是所有品牌都能通过直播获得正面的评价。奢侈品带有神秘感和排他性，而直播是一种纪实性、接地气的传播载体，两者在本质上就存在着对立，因此一些奢侈品虽然将精力投放到了直播上，却并没有取得良好的效果。

品牌方在直播之前要明确直播目的，即明确直播是为了卖货还是宣传品牌。这对品牌方来说是一个关键点，它能决定直播是否成功。有些品牌也会采用"多手抓"的策略，但这样的策略大多都是无效的，还有可能带来负面影响。

私域电商：品牌做直播的正确姿势

私域电商：突破增量瓶颈的关键

直播电商经过一段时间的野蛮生长后，发展速度将逐渐趋缓，进入更具品质、更经济、可持续的发展阶段，平台竞争也将从价格转向价值赋能。在此趋势下，一些品牌和商家开始尝试转变直播策略，吸引和积聚私域流量来进行品牌塑造。

公域直播：增量市场瓶颈期来临

目前，头部主播几乎垄断了公域平台的流量，腰部主播获取流量的难度越来越大，获客成本也越来越高。在淘宝的电商体系中，头部20万商家产生了平台近八成的交易额，剩余的两成属于剩下的900多万小商家。

随着平台推出直播功能，这种利润分配结构发生了巨大改变，薇娅、李佳琦等头部主播，MCN机构的主播及明星的直播间汇聚了平台近80%的流量，剩下20%的流量由平台80%的中小直播间瓜分。在这种情况下，店铺直播想要取得很好的效果变得异常艰难。

面对逐渐攀升的流量资费，大商家还能依靠付费推广坚持宣传，没有实力的小商家却陷入生存困境。而无论线上还是线下，小商家才是大多数。平台大小商家陷入混战，一方面要竭力地从他人手中抢夺流量，另一方面要提防自己的流量被抢。至于那些没有赶上这波流量红利的商家，则在努力寻求一种新的存活方式。

私域直播：流量转化与变现的利器

私域流量指的是个人可以随意触达、反复利用、无须付费的流量，公众号、微信号、抖音等自媒体沉淀的用户就是这类流量的典型。私域流量是一个与公域流量相对的概念，可以看作商家或个人的"私有资产"。

公域流量指的是淘宝、京东、微博等平台上的流量，只要投入足够的资金就能不断获取。而私域流量无须付费，或者只需要支付极少的费用，并且可以在任意时间、以任意频次直接触达。从本质上看，私域流量是一种线上运营模式，使用方法非常多，例如实体服装店的店主通过个人朋友圈发布新品，淘宝店主通过淘宝粉丝群发布商品、触及用户等。

私域流量运营与社群运营非常相似。直播电商的私域流量主要有两大来源，一个是微信群，另一个是淘宝群。主要通过利益诱导与优质内容进行运营与维护，整个过程离不开人、货、场三要素的支持。私域流量运营的最高层级就是人格化，就是将自己打造成一个集专家、好友等多重身份于一体的有血有肉的形象。想要对私域流量进行高效运营，必须打通转化路径，即明确转化渠道与转化对象。

从本质上看，私域流量的核心就是用户关系运营与维护。商家开展私域流量运营的主要目的不是获取流量，而是发现拥有超强复购能力的用户，通过社交平台与这些用户建立紧密联系，即增进商家和用户之间的黏性。

其实，淘宝、拼多多、苏宁等平台上商家的店铺自主直播，就是私域直播的雏形。虽然店铺自主直播吸引的流量无法与头部主播吸引的流量相比，但通过运营私域流量，商家可以激活老客户，使用户的转化率与复购率得以有效提升。私域直播有以下四大特征：

- 流量私域。品牌直播对平台的依赖程度比较小，主要是利用自有小程序直播，这样不仅可以分散风险，而且可以从多个渠道获取公域流量，吸引公域流量的粉丝沉淀到自己的流量池。例如在微信平台，品牌可以通过公众号、自有社群、企业微信、朋友圈广告等各种方式吸引流量。对于品牌来说，公域流量只是一个入口，流量最终都会沉淀到私域流量池中。

● 用户私域。品牌与红人主播合作在主播的直播间卖货，虽然可以获得不错的销量，但很难沉淀自己的粉丝。如果在淘宝、抖音、快手等平台开通自己的直播间，通过自己的直播间卖货，就可以将粉丝沉淀到自己的私域流量池中。但是因为这些平台都没有实现去中心化，在算法的作用下，品牌吸引的粉丝忠诚度较低。这样一来，品牌在这些平台做直播，可能会面临有粉丝但没有流量的情况。因此对于品牌来说，私域直播的关键就在于将用户沉淀到自己的私域流量池，将其转化为自己真正的粉丝。

● 主播私域。主播私域指的是不依赖平台主播，尤其是头部主播。品牌和商家自力更生，以高管为表率，带动全体员工参与到直播活动中来，甚至带动经销商与合作伙伴参与直播，培养自己的主播队伍。这种方式一方面可以降低直播成本，减小主播用词不当、介绍不全面等对品牌形象的损害；另一方面可以凭借优质的产品与专业的讲解吸引到高忠诚度的粉丝，避免"为他人作嫁衣"。

● 数据私域。品牌通过私域直播可以沉淀一部分数据，但数据类型却不是品牌可以决定的，而是受平台影响。品牌通过与第三方服务商合作开展私域直播，搭建自己的小程序直播间，可以沉淀一部分私域数据，不仅可以在直播结束后进行数据复盘，还可以与业务数据融合，为商品推荐、智能营销、用户留存、用户促活等环节提供支持。

目前，私域直播表现出四个非常鲜明的特点，分别是聚合私域流量、沉淀私域粉丝、沉淀私域数据、使用私域主播。私域直播真正实现了去中心化，增强了品牌对直播过程的掌控力，可以解决平台直播存在的诸多问题。具体来看，私域直播的优点主要表现在以下几个方面：

● 品牌通过私域平台直播带货，可以自主掌握产品销量、促销力度、营销方式等，可以通过精心安排让直播达到最佳效果。

● 私域直播采取的方式主要是导购促销，而不是通过降价换取销量，可以避免价格战带来的一系列问题。

● 私域直播对头部主播的依赖程度比较低，可以极大地降低直播成本。

- 私域直播的主播可以由企业高管或员工担任，可以更好地传递品牌价值，实现品效合一。

需要注意的是，私域流量不是一个暂时流行的运营模式，而是一种经营思维与理念。商家要通过运营私域流量挣脱平台流量思维的束缚，打造并运营自己的流量池。久而久之，商家就会发现，通过运营私域流量，几乎所有商业模式都可以变现。私域电商的玩法多种多样，可以将企业的商品、内容、服务全面展现出来，增进企业与用户之间的关系，将普通用户转变为企业粉丝，切实提高商品的复购率。长远来看，企业运营私域流量的能力越强，可以获取的公域流量就越多。

企业私域直播运营的全链路

淘宝、抖音、快手等平台的公域直播，让交易环节实现了在线化和实时化，本质上是电商的升级。对于实体企业而言，公域直播更像是增加了一条销售渠道。而企业做私域直播，不仅是做在线交易，而且把企业的品宣、营销、获客、交易、服务、留存、复购等环节进行了在线重构。因此从本质上看，私域直播就是升级企业的整体运营体系，而直播仅仅是其中的一个环节。

精准导流：从公域到私域的转化

私域流量的主要来源是公域流量，因此，企业即便沉淀私域流量，也不可能完全放弃公域流量。关键在于如何将公域流量沉淀到自己的流量池中。因为对于私域流量来说，质量与数量同样重要。

（1）注重短视频内容营销

无论什么时代，营销人员都要遵循"内容为王"的原则，开展内容营销。对于品牌来说，利用有价值、高质量的内容从公域流量吸引用户，将其转变为品牌粉丝，形成自己的私域流量池，是一件值得长期努力的事情。例如，一些品牌入驻抖音、快手等平台之后，会周期性地发布内容，吸引感兴趣的用户关注，将其转化为品牌粉丝。这样一来，品牌直播时就能吸引大量用户前来观看。除此之外，品牌直播时还会吸引一些"游客"观看，如果"游客"对品牌直播的产品感兴趣，就会点击关注成为品牌粉丝，进入品牌的私域流量池。

（2）从明星、达人的公域中获取流量

在传统广告时代，品牌经常邀请明星代言，利用明星的流量扩大品牌的知名度与影响力，提高产品销量。虽然营销效果不错，但品牌很难将明星的流量变为己有。但在社交媒体时代，这一问题可以得到有效解决。凭借直播快速、可见的特点，品牌可以将明星、达人的流量收归己有，将其粉丝转化为自己的粉丝，通过后续运营将其沉淀为私域流量。

（3）精准推荐

除了付费请明星、达人直播，获得他们的流量，品牌还可以付费从平台的公域流量池中获取流量。例如通过投放精准广告获取精准的私域流量，通过投放数据运算获得相对精准的用户群体，将其转变为自己的粉丝等。

如果品牌通过付费获取的流量可以在下一场直播中达到预期效果，即在投资回报率保持不变或者有所下降的情况下，依然能实现销售额的增长，就说明这种营销方式可以持续。品牌需要注意的是，购买流量固然重要，但后续的运营更加重要。品牌从公域流量池获得粉丝之后，如何通过运营增强粉丝黏性，提高流量转化效率与质量，这一点至关重要。

打通私域直播运营的全链路

私域流量对直播带货产生了积极的推动作用，在门店导购、社群、朋友圈等直接面向用户的社交触点的作用下，直播带货吸引了大量流量，转化率大幅提升，最终使投资回报率实现了最大化。

（1）蓄量环节

企业的私域流量池主要由以下几大要素组成：门店导购微信号、公众号粉丝、自建社群、小程序吸引的自然流量等。因此，品牌在开展私域直播之前，通过朋友圈、社群、公众号发布直播预告，邀请用户进群领取专属优惠券，可以扩大直播活动的知晓范围，提前锁定用户，为直播活动的成功奠定良好的基础。即便用户错过直播，也可以通过社群内的抢购活动下单购买，为品牌贡献一定的销售额。除此之外，服务号的消息模板还可以提醒用户，引导用户添加直播助手的微信号，让用户受邀进群。

（2）增量环节

在增量环节，品牌需要思考的一个关键问题就是如何为直播间带来新的流量。在该环节，品牌可以采取的方法有很多，例如发布有价值的内容，与用户进行高频互动，发起抽奖、砍价等活动，让用户主动转发邀请好友进入，完成用户裂变。除此之外，如果品牌的预算充足，还可以在朋友圈投放精准的微信广告，吸引用户进入直播间，增加用户数量。

（3）转化环节

品牌提高直播转化效果的方式除秒杀、买赠、发送优惠券之外，还包括以下几种：

● 加强对导购的激励，提高转化效果。品牌导购不仅了解产品，还非常了解消费者的心理，可以凭借自己的经验与能力完成对直播间、朋友圈、社群等私域流量的转化。品牌只要适当地提高佣金比例，就可以刺激导购带货。一般来说，品牌可以按照完成的销售额将佣金比例划分为几个等级，导购的业绩越好，佣金比例就越高。通过这种方式激发导购卖货的积极性，从而形成一个正向循环。同时，业绩好的导购还可以成为全体导购人员学习的榜样，通过物质与精神的双重激励让其发挥模范带头作用，提高整个团队的销售业绩，进而提高整体的转化效果。

● 加强直播间互动，提升留存。直播间互动的方式有很多，例如不定时抽奖、送福利等。这些活动可以有效减少用户跳出，提高用户留存。无论采用什么方式，品牌都要保持直播间的活跃氛围，激发用户的购买冲动。

● 提供直播回放，持续转化。直播结束后，品牌运营人员可以将直播回放发布到社群，让用户抓住最后一波享受优惠的机会进行抢购，借此提高用户转化，让产品销量实现持续增长。

私域直播想要达到预期效果，必须打通从引流到转化变现的各个环节。在引流方面，品牌可以尝试短视频营销、与明星达人合作、购买精准推荐等多种方式。在转化环节，品牌可以尝试激励导购、增强直播间互动、提供直播回放等多种方式。随着企业在直播领域的探索持续深入，引流、转化方式将越来越多。

玩转私域直播的五大策略

大多数品牌商认为直播电商就是花钱请达人主播带货，利用达人主播庞大的粉丝流量提高产品销量与品牌知名度。实际上，这种认知比较片面，只看到直播带货是一种流行的营销方式，并没有察觉到直播带货模式的战略型崛起。

对于直播电商来说，达人直播只是一个衍生品类，最大的作用就是为品牌带来海量流量以及更高的转化率。如果想要建立品牌，最好不要选择达人直播，尤其是头部达人。因为达人直播是一个弱化品牌的过程。而品牌想要借助直播让用户建立长期的品牌认知，可以采取以下五大策略。

强调差异化的品牌定位

已经建立品牌认知的大品牌固然可以通过达人直播获取更多流量，提高产品销量。但对于尚未建立品牌认知的小品牌来说，达人直播虽然会在短时间内提高产品销量，但却无法建立长期的品牌认知，甚至会因为主播的介绍，弱化品牌特点。因此，小品牌想要在激烈的市场竞争中脱颖而出，必须先形成差异化的品牌定位。

2012年，在淘宝、天猫等平台的支持下，近百个原创品牌诞生，成为第一批"淘品牌"。数年过去，经过多轮淘汰，这些"淘品牌"所剩无几，只有韩都衣舍、小狗电器等定位清晰的品牌实现了突围。正在发生的直播潮与当初的电商潮一样，品牌想要借势崛起，必须有清晰的定位。

选择平台，成为该平台细分品类的第一

虽然头部平台的流量比较多，但很多时候，品牌不是必须选择流量最多的平台，而是要根据自身的实际情况选择一个最合适的平台。例如，某品牌的目标用户是一、二线城市的年轻消费群体，想要在快手与抖音两个平台中选择一个投放直播带货。虽然快手直播电商的规模比抖音大很多，但从消费者定位来看，该品牌应该选择一、二线城市年轻人汇聚的抖音，而非直播带货效果更好的快手。

除此之外，图书、汽车等特殊品类的商品在选择平台时也要理智，最好选择自己品类的垂直电商平台。例如图书选择当当网、汽车选择汽车之家等，无须一味地选择流量更大的平台。无论品牌选择哪类平台，在锁定平台之后，就要将有限的资源集中投放到该平台，努力让自己的品牌成为平台在这个细分品类中的第一，从而产生公关效应，提升品牌势能。

转化外部流量为品牌私域流量

对于品牌来说，平台流量和主播流量都属于外部流量，如果不能将其转化为自己的私域流量，就只能在很短的时间内

享受流量带来的收益。例如，某品牌在淘宝平台投放了一场直播，吸引了150万人观看，但其中的100万可能在直播结束后立即涌向其他品牌或直播间。平台流量永远是流动的，绝大多数属于公域流量。虽然很多主播汇聚了自己的私域流量，但品牌必须付费才能使用。因此，品牌想要玩转直播电商，借助这种全新的零售形式完成数字化转型，必须积极转化公域流量，沉淀私域流量。

在转化公共流量方面，完美日记做出了成功示范。完美日记诞生于2017年，只用了几个月的时间就超越国产美妆品牌美康粉黛，一年之后又超越兰蔻、SK-Ⅱ等国际大牌，跻身天猫美妆产品销量榜的榜首。完美日记的这些成就就是建立在私域流量的基础之上。品牌诞生初期，完美日记就聚焦小红书平台，沉淀自己的私域流量。三年后，随着用户增长速度逐渐放缓，完美日记已经在小红书平台积累了近200万粉丝。如果没有这些私域流量的支持，完美日记很难在如此短的时间内强势崛起。

打造"闺蜜体验化"的内容

很多品牌将直播与电视购物联系在一起，认为直播就是电视购物的互联网化，导致直播形式与内容陷入了电视购物的误区。从消费者的角度看，购物是购买与娱乐的综合体验，消费者在直播间购物是为了获得对商品的主动选择权，以及主播陪伴购物的愉悦感，这些都是电视购物无法做到的。如果将电视购物比作"单纯的营销导购"，那么直播电商就是"朋友分享购买"。这就决定了直播电商不能像电视购物一样疯狂地介绍产品，而是应该打造"闺蜜式的购物体验"，以亲和的语气和友好的互动拉近与消费者的距离，让消费者愉快地下单。

挖掘和培养极具增长性的"网红"

为了做好直播带货，品牌方不能一直和头部主播合作，而应该主动挖掘、培养自己的主播，尤其是有潜力、极具增长性的主播，以求率先抢占资源，在直播电商领域布局，把握直播发展趋势，成为所在领域的领导品牌。

直播电商发展已经成为不可逆转的趋势。从短期看，新冠肺炎疫情在全球蔓延所带来的焦虑会在一定程度上抑制消费者消费的积极性，即便线下零售行业已经解禁，也很难在短时间内汇聚大量客流，达到疫情前的营收水平。在这种情况下，线上将成为各行业开展营销活动的主战场。

从长期看，随着通信技术不断更迭，5G技术实现大规模商用，直播将在移动端的各个领域得到广泛应用，直播电商将成为新的增长极。在这种情况下，品牌要积极拥抱直播，了解直播电商崛起的逻辑，探寻直播电商的更多玩法，真正参与其中，才能在这场直播电商的浪潮中出奇制胜。

第七章 基地万象集：

资本运作下的"网红"经济

直播屏幕里，主播争夺的是"一哥""一姐"的江湖地位，是带货能力的业务之战。直播间之外，资本的较量早已伏延千里，各种类型的MCN机构蜂拥而入。在如火如荼的行业快速更新迭代中，如何沙里淘金成为行业里的幸存者？在内容和人设逐渐陷入疲态的当下，如何迎难而上打造出头部"网红"？

MCN机构：直播电商人、货、场的枢纽

链接：人、货、场三端的中枢

在各大直播、短视频、电商等平台的助力下，市场逐渐衍生出不同类型的MCN机构。直播电商产业的发展离不开MCN机构，后者的发展深刻影响着直播电商人、货、场的各个环节。

人的链接：孵化与培养职业"网红"，把握内容核心生产

现阶段，专职"网红"已经成为一种职业选择，MCN机构在"网红"签约方面的投入持续加大。一方面，"网红"经济逐步实现专业化；另一方面，MCN机构产业不断完善。在这样的环境下，新人纷纷与MCN机构签约，使得专职"网红"成为一种新趋势。

一些"网红"之所以愿意与MCN机构签约合作，是因为

MCN机构能为他们带来全方位的帮助，可以让他们在竞争中取得优势地位。与此同时，"网红"愿意与MCN机构签约，也意味着越来越多的人愿意把"网红"当作自己的职业。

除了签约，"网红"也可以与MCN机构达成合作关系，相当于经纪人代理模式。与签约模式相比，合作模式中"网红"虽没有底薪保障，但可以得到更高分成，而且内容创作的自由度也更高。

毫无疑问，MCN机构可以为"网红"带来诸多助益，包括赋予其更精准的流量引导，更多元化的分发渠道，更有效、更丰富的变现方式等。内容创作者是MCN机构的核心资源，因此MCN机构不仅与知名"网红"签约，还往往通过红人挖掘、签约合作、培养能力、制作内容、流量曝光、内容变现等流程，从0到1孵化和培养职业"网红"。

创意是内容的核心，它依托个人或团队的智慧。在UGC（用户原创内容）初期，KOL需要通过思考和策划形成创意作品。随着平台选择不断增多，多平台运营势在必行。互联网的不断发展促使不同内容领域的平台不断增多，通过单一平台走红已经无法跟上市场节奏。目前，结合自身优势在多平台上传内容作品，实现多平台同时运营，已经成为"网红"吸引流量、提升知名度的新方式。但因为精力有限，个人在多平台运营和创作作品时往往会遇到瓶颈，此时就需要通过商业化运作来分担个人创作的压力。

MCN机构采用PUGC模式实现创意内容的产出，具体做法是先汇集策划、摄影、运营等领域的人才形成专业的创作团队，然后根据实时热点和平台动向，系列化地输出优质作品。这种资源整合的方式可以大大节约时间成本和试错成本，快速产出优质内容。

货的链接：促进品牌价值转化，带来直接变现

在传统的营销模式中，品牌往往通过投放广告进行营销，而其在投放广告时最主要的衡量因素是广告的变现力，即广告能否引导人们做出购买行为，促进品牌价值转化，实现商业变现。

但自媒体时代的到来，使得广告的营销效果大大减弱。相反，通过KOL进行精准营销越来越受到品牌方的青睐。因为KOL能使品牌信息实现广泛传播，直接影响粉丝的购买决策，从而大大促进品牌价值转化，快速实现商业变现。在预算不变的情况下，加大数字营销的比例更容易实现盈利。考虑到投入产出比，品牌方也更愿意这样做。

而"网红"主播作为KOL的一种，其与背后的MCN机构共同参与重构零售产业链。一方面，这两者的参与可以提高货品的流转率，促进品牌的价值转化带来直接变现；另一方面，他们在品牌与消费者之间承担了选品和价格谈判的角色，对消费者而言，靠谱的带货主播能够提升购物体验。因此，带货主播背后的MCN机构除了需要进行内容生产和流量对接，还需要增强货品选择和供应链管理的能力。

场的链接：MCN机构与平台方合作共赢

MCN机构与平台方合作不仅能打开流量入口，还能获得更多的推广资源。现阶段，微博、抖音、快手、小红书、淘宝直播等平台纷纷推出MCN合作计划或MCN机构扶持计划，使得平台与MCN机构之间的合作变得更加容易。

在互联网时代，优质的内容可以通过智能算法获得更靠前的推荐位置。优质的内容生产者与MCN公司签约并实现深度合作，往往可以获得更好的推广资源，增加作品的曝光率，提高作品的引流效率。平台方若能与MCN机构达成合作，就能将其旗下的艺人、"网红"和优质的内容创作者化为己用。一方面获得红人或创作者自带的流量，另一方面也能获得稳定优质的内容资源。

例如，papi酱在入驻抖音之前就已经拥有一定的名气和可观的粉丝量，随着papi酱的入驻及与相关MCN机构的合作，抖音获得了大量反哺式流量，这对平台的发展十分有利。

如果平台方能与MCN机构合作，还可以借助其一体化管理模式，减少对个体内容创作者的分散式管理，帮助平台整合资源，实现集约式发展。总之，MCN机构与平台方的合作可以实现共赢。另外，这种合作还可以帮助品牌方打造社交化营销模式，为商业变现产生积极的推动作用。

资本运作下的MCN变现路径

MCN机构拥有广告、直播和电商三大收入来源。广告是大多数MCN机构的主要收入来源。直播是第二大收入来源，通过直播打赏可以直接实现流量变现。MCN机构通过电商盈利的较少，但这种盈利方式未来可期。通常来说，MCN机构的优势地位越明显，投入的资源越多，在与KOL的分成中所占的比例也会越高。目前各大平台MCN机构商业化的路径表现出明显差异，如表7-1所示。

表7-1不同平台MCN机构的商业化路径

平台 名称	主要 商业模式	KOL 收费模式	MCN 分成模式	平台佣金
抖音	短视频广告	固定费用+CPS佣金。 根据粉丝量，每条短视频报价1万~80万元不等，对应粉丝价格为每人0.01元~0.025元。如果短视频下方有购物链接，则按照CPS提成，佣金为15%~20%。	MCN与KOL的分成模式取决于双方在优势地位、资源投入上的议价结果。通常来说，MCN与KOL的分成比例平均约为6:4。	广告费的5%。
快手	直播打赏 直播带货	直播带货收取佣金。根据品类和品牌强势程度不同，佣金为10%~50%不等。		直播带货：站外收取实际佣金的50%，站内收取成交额的5%。 直播打赏：扣除20%的税之后，平台与达人按照5:5的比例分成。
淘宝直播	直播带货	1.佣金。 2.佣金+坑位费。 品类不同，品牌的强势程度不同，佣金与坑位费的收取也不同，佣金10%~50%不等，坑位费1万~5万元不等。	MCN机构与KOL的分成比例大约为6:4。	成交额的6%。

MCN机构的变现模式非常多元化，包括广告变现、IP运营、红人电商、直播打赏、平台补贴、知识付费等。不过除了广告变现，大部分变现模式尚未成熟，能为MCN机构贡献的营收比较有限。随着我国版权保护体系不断完善和MCN市场规模不断增长，部分变现模式将展现出巨大的潜力。下面对MCN机构主流的变现模式进行简单分析。

广告变现

广告变现是MCN机构变现的主要方式。依托自身的"网红"、渠道、粉丝等资源，MCN机构可以与广告主建立合作关系，为其定制生产广告内容，提供社交媒体代运营服务等。另外，MCN机构可以入驻抖音、快手等新媒体平台，利用这些平台的内容交易平台（例如抖音的星图、快手的快接单等）领取广告并完成任务，从而完成变现。这种变现模式需要向平台方支付一定的佣金。

IP运营

MCN机构通过打造或购买的方式获得IP资源，然后通过开发IP资源、IP授权等方式变现。例如开发IP内容产品、周边衍生品，将IP授权给影视公司等进行变现。

电商变现

电商变现效率高，是一种潜力极大的MCN机构变现模式。拥有足够的粉丝后，MCN机构可以通过"网红"电商来引导粉丝购买商品。这种电商变现获得了很多社交媒体平台的支持，并为此推出了操作便捷的开店工具（例如快手小店、抖音小店等）来支持"网红"电商变现。有了平台方的大力支持，MCN机构电商变现便能取得事半功倍的效果。

培训课堂

MCN机构在IP打造、内容生产、广告营销、自媒体运营、粉丝运营等方面拥有丰富的知识与实践经验，而这些知识与经验正是自媒体、品牌商及传统企业所欠缺的。因此，一些MCN机构通过举办线上、线下的培训课程将这些知识与经验输出给学员，并通过按时付费或按课程付费等方式完成变现。

直播打赏

MCN机构可以对"网红"进行形象包装、人设打造、话术培训、粉丝运营等一系列操作，并充分利用自身的营销资源为"网红"直播间引流推广，将"网红"打造成人气主播。在直播平台，人气主播可以得到粉丝赠送的虚拟礼物，将虚拟礼物兑换成现金，MCN机构可以从这部分收入中按比例分成，完成变现。

平台补贴

优质内容是内容平台赖以生存的基础资源，而MCN机构旗下的"网红"正是优质内容的重要来源。平台为抢占这些资源，纷纷推出创作者补贴计划。例如西瓜视频的"万花筒计划"、好看视频的"VLOG蒲公英计划"、企鹅号的"TOP计划"、爱奇艺号的"聚焦短视频计划"、一点资讯的"点金计划"等。MCN机构可以通过平台补贴完成变现。

打造"网红"独立品牌

消费升级时代，越来越多的年轻人愿意尝试小众品牌，为MCN机构打造"网红"独立品牌奠定了良好的基础。MCN机构通过完善人设、优化内容等帮助"网红"建立品牌，然后为其打造专业完善的供应链体系来为粉丝推荐优质好货，或者为其承接广告代言等，以实现变现。

异军突起：直播风口下的MCN机构

在直播电商的风口下，一大批MCN机构应运而生，头部MCN机构更是吸引了大量资本的关注。例如，2019年7月，淘宝直播机构纳斯完成数千万元天使轮融资；2020年3月，直播电商服务机构构美完成近亿元A轮融资；2020年9月，电商内容营销服务提供商茉莉传媒完成数亿元B轮融资。

从运营主体的角度来看，MCN机构主要分为以下三大类：

• 大型电商平台投资或合作的MCN机构，例如淘宝投资的谦寻文化、美ONE等。

• 影视传媒公司自行组织的MCN机构，例如卓然影业、光合映画等。这类机构更偏重内容营销。

• 线下机构自己创建的MCN机构，例如红星美凯龙自行成立的MCN机构，以及一些经营网红经纪、从事网红店铺代运营的MCN机构等。

在所有的MCN机构中，电商类MCN机构是不容忽视的一股力量。之前主打秀场、短视频内容的MCN机构纷纷开始转型，搭建电商团队、招募主播、寻找商家，进入直播电商战场。MCN机构的爆发与直播电商巨大的市场空间有着密切关联。同时，直播电商平台也相继探索与MCN机构的合作道路，共同掘金直播电商蓝海市场。

淘宝直播

在2020年3月30日举办的第四届淘宝直播盛典上，淘宝直播官方披露了一组数据：

- 2019年，淘宝直播的累计用户量超过4亿。

- 2019年，淘宝直播合作主播超过100万，其中年度GMV破亿的主播有177位。

- 2019年，参与直播的商家数量同比增长268%，进入淘宝直播间售卖的商品达到4000万件。

- 2019年，淘宝直播全年GMV突破2000亿元，"双11"当天的直播GMV突破200亿元。

与淘宝平台多年积累的业务体系相比，淘宝直播电商的渗透率仍然比较低，仅为3%～5%。这说明直播电商市场的发展潜力巨大。

根据淘宝直播设定的目标，其未来的业务重点是扶持MCN

机构与主播成长，具体措施如下：

- 打造10万个月收入过万的主播，为中小主播制定成长计划。

- 打造100个年销售额过亿的MCN机构。

- 为淘宝直播主播投入500亿资源包，这500亿资源包具体包括两大部分：其一为"资金资源包"，即百亿级别营销费用；其二为"流量资源包"，即累计投入百亿级别的流量包和技术资源包。

淘宝直播与MCN机构的合作，旨在培育大量优质主播，提升内容价值，促进消费升级。对于MCN机构来说，入驻淘宝直播的优势主要体现在以下几个方面：

- 千万级的流量市场：入驻淘宝直播后，淘宝体系内的淘宝微淘、淘宝头条、淘宝直播、有好货等都可以成为MCN机构的内容分发平台。

- 丰富的变现模式：除常规的佣金式结算方式，MCN机构还可以获得动态奖金、V任务平台及定制化的内容变现交易。

- 百万级商家合作资源：通过淘宝达人V任务平台，MCN机构可以触达百万淘宝及天猫商家，从而有机会进一步探索更加深入的合作。

- 一站式管理平台：平台可以为MCN机构提供成员管理、数据分析、商业变现、资源管理等配套服务。

- 紧密的共建机制：依托平台强大的实力，MCN机构可以融入淘宝全生态体系。

快手

2018年，快手发布了MCN合作计划，使得MCN机构可以享受平台的运营扶持及专属运营对接指导等服务。2019年8月，快手开始执行对MCN机构的分级扶持。

根据平台发布的分级标准，MCN机构被分为S（战略）级、A（核心）级、B（内容）级和C（入驻）级4个级别。具体的级别由平台依据优质账号数、账号总粉丝量、总发文量、总播放量、总涨粉数和人均视频发布数6个指标，以月为单位进行考核：

- C级：平台划定的最低级别，其考核需要满足3项指标。即拥有3个优质账号、每月发文30篇、发布视频10个。

- B级：需要考核6项指标，总粉丝量需要达到100万，总播放量需要达到500万次。

- A级：需要考核6项指标，总粉丝量需要达到300万，总播放量需要达到1000万次。

● S级：需要考核6项指标，总粉丝量需要达到500万，总播放量需要达到2000万次。

快手为MCN机构提供了14项权益，MCN机构考核等级越高，能够获得的权益也越多。14项权益中，6项权益为基础权益，即所有等级的MCN机构均可以享受，而其他权益依据等级的不同而有所差别。其中，S级机构可以享受一项特殊权益——对公结算，即机构旗下主播获得的收入统一进入机构账户，后期由机构分发给主播，以此保障机构的利益。

抖音

与淘宝直播和快手对MCN机构的扶持路线不同，抖音平台对MCN机构的政策可以划分为两个阶段。

自2016年开始，抖音平台就签约了一批具有短视频创作能力的达人，并深度参与其内容运营。通过此种方式，平台在较短的时间内培养了数量庞大的达人群体。2017年下半年，抖音选择部分粉丝量可观且具有较强视频创作能力的头部达人签约，并针对签约达人开展商业化运作。

在这个阶段，平台的角色与MCN机构具有一定的相似性，平台对达人具有比较高的掌控权，严禁MCN机构签约站内原生达人。进入第二个阶段后，抖音平台对MCN机构的态度开始转变。2018年8月，抖音认证MCN/星图服务商合作计划开启。

成为抖音认证MCN需要满足以下资质要求：

● 申请机构具有合法公司资质。

● 成立时间超过1年以上。

● 成立时间不足1年，但达人资源丰富且内容独特，可申请单独特批。

● MCN机构旗下签约达人不少于5人，且有一定的粉丝量，在相应领域具备一定的达人服务能力及运营能力。

经过抖音认证的MCN机构，主要负责达人资源储备与达人运营，在商业项目中配合星图服务商协调达人，促进订单的完成。而且与之前严禁MCN机构签约站内原生红人政策不同，抖音认证的MCN机构如果签署包含抖音参与的三方合约，就可以签约100万粉丝以上的达人。

由此可见，随着直播平台之间的竞争愈演愈烈，在用户增长和运营体量变重的情况下，抖音平台不得不调整对达人的控制力度，寻求与MCN机构的合作。

拼多多

2020年1月，拼多多上线多多直播；2020年3月，拼多多邀请MCN机构入驻多多直播。

MCN机构入驻拼多多直播，需要满足3项条件：

• 机构主体有资质开具文化服务费、其他经纪代理服务、直播服务费、演艺服务费类目的增值税专用发票，以保障资金结算正常。

• 在其他平台有较丰富的电商经验，或者旗下有较专业的PGC达人或电商主播，期望主播数量在10~20人左右。

• 首批只接受MCN类机构入驻，单独散人会在后续上线。

对成功入驻平台的MCN机构，拼多多为其提供直播后台服务。而接受MCN机构入驻平台，给MCN机构及平台主播提供了更广阔的发展空间。入驻平台后，MCN机构可以与拼多多平台的主播签约，非拼多多平台的主播也可以在与MCN机构签约后入驻多多直播。

除淘宝直播、快手、抖音、拼多多等直播电商领域表现抢眼的平台，其他多个平台如京东、腾讯看点直播等，也在开启直播电商后，面向MCN机构出台了很多扶持政策。当直播带货成为电商行业的"标配"，几乎各个涉足直播电商的平台都可以看到MCN机构的影子，通过专业MCN机构孵化KOL带货，已经成为直播电商平台的必然选择。

MCN机构对人、货、场进行了重构，并在资本的支持下探索出多条变现渠道，其中直播电商变现是目前最流行、最便捷、效果最好的一种。如果说短视频是MCN机构崛起的诱因，那么直播电商就是MCN机构爆发的催化剂。面对直播电商这个风口，MCN机构将整合各种资源培养优秀主播，为企业和平台源源不断地输送优秀的直播人才。同时，借此进一步壮大自身实力，拓展变现渠道，实现更好的发展。

大浪淘沙：MCN行业的幸存者游戏

二八定律：头部MCN机构的盛宴

国内的MCN机构虽然从诞生到现在只有几年时间，但随着移动互联网相关技术及电商等行业不断发展，MCN机构已经从萌芽期进入发展期，又迎来了爆发期。

2015年，国内的MCN机构仅有160家左右。在资本的加持下，相关平台得到了比较快速的发展，之后开始探索转型之路并推出了内容补贴战略。在这一时期，大批直播公会及广告公关公司等开始转型为MCN机构。近几年随着短视频直播行业快速发展，大量资本涌入，相关从业者增多，MCN机构的数量也开始暴涨。

MCN产业的爆发顺应了短视频井喷的发展趋势，直播带货的崛起则进一步催化了MCN行业的发展。但艾媒咨询的数据显示，中国当前能实现盈利的MCN机构占比不到30%，盈亏平衡的MCN机构占21%，还有接近50%的MCN机构处于亏损状态。冰冷的数据背后，是整个行业竞争加剧的残酷现实。

与其他众多行业类似，随着直播行业不断发展，MCN机构的发展也会呈现二八定律，即能够抢占市场、获得发展的仅仅是少数头部MCN机构，大量中尾部MCN机构能够分得的资源所剩无几。尤其是在部分平台要求入驻的MCN机构只能与一家平台签约的情况下，中尾部MCN机构的生存空间会被严重压缩。

20%的头部机构与主播占据了80%的优质资源，剩下80%的中小机构与主播只能争夺20%的资源，竞争异常激烈。在直播行业，具体表现为薇娅、李佳琦、辛巴、罗永浩等头部主播占据了大部分流量与商家资源。

2020年"双11"期间，欧莱雅、雅诗兰黛等国际大牌把预算锁定在了薇娅和李佳琦两位主播身上，与其他主播则基本不合作，即使合作，选品种类也很少。这样一来，中小主播就很难获得优质的商业资源，无法提升自己的商业价值。

这种现象反映在MCN机构领域就是，虽然很多MCN机构已经开始布局直播电商，但大多数机构举步维艰。尤其是中小MCN机构，由于没有头部主播参与，在与品牌商合作的过程中难以获得足够的话语权，不仅无法获得高额佣金，而且无法在价格方面争取到较大的优惠。而在直播电商领域，低价一直是最具竞争力的要素之一。这样一来，在MCN机构的市场竞争中，中小MCN机构只能处于被压制的地位。再加上由于门槛较低，行业吸引了大量MCN机构入局，竞争愈演愈烈，使得大量中小MCN机构陷入了生存困境。

主播依赖症：难以摆脱的尴尬

无论表面上国内的MCN机构发展多么如火如荼，整个行业面临的问题不容忽视，其中最大的问题就是MCN机构对头部"网红"主播的依赖性太强。如果头部主播洁身自好，一直保持较强的影响力和较高的热度，公司自然能保持稳定发展。但如果头部主播人设崩塌、热度下降、粉丝流失，极有可能给公司带来灭顶之灾。

一个主播撑起一家机构

目前在MCN机构领域，一个主播撑起一家机构已经成为常态。这也就意味着整个公司的兴衰都寄托在一个人身上。如果头部主播出现问题，整个公司的经营业绩都会受到影响。这种情况无形中加大了公司的运营风险。例如，李佳琦所属的MCN机构美ONE，整个公司有300多人，几乎全部为李佳琦一个人服务；薇娅所属的谦寻文化更是如此，虽然签约了很多明星主播（如林依轮、海清、李静、李响等）和网络红人（如时尚博主深夜徐老师等），但薇娅仍是第一主播。

再比如之前一直被推在风口浪尖上的如涵公司。2019年4月3日，如涵控股在美国纳斯达克成功上市，股票代码是RUHN，开盘价为每股11.5美元，成为"中国网红电商第一股"。但是如涵上市以后，其价值并没有得到华尔街投资者的认可，股价一路暴跌超七成。2020年11月25日，如涵控股发布公告称，企业已经收到冯敏、孙雷、沈超于三位创始人的初步建议书，三人提议以每股0.68美元的价格[每ADS（美国存托股份）3.4美元]将公司私有化。如涵被迫退市的主要原因是业绩不佳。2020年4月，头部主播张大奕的绯闻事件，对本就摇摇欲坠的如涵控股造成了致命一击。

控股创始人冯敏与"网红"张大奕的合作始于2014年，两人合作成立了"吾欢喜的衣橱"，张大奕的任务是塑造店铺风格，打造"网红"品牌。她为如涵控股带来了巨大的流量，"吾欢喜的衣橱"在2015年"双11"跻身全平台女装头部商家；2016年"双11"营收额超2亿元，成为同类店铺中第一家销量破亿的女装店铺。

如涵控股共有三位头部KOL，但作为如涵控股的首席营销官，张大奕具有顶梁柱的作用。如涵控股的财务数据显示，如涵控股电商平台2017～2019年的网站成交金额分别为12亿元、20亿元和22亿元，张大奕一人的贡献率为50.8%、52.4%和53.5%。显然，张大奕以一人之力连续三年贡献了如涵控股超50%的营收，而且所占比例连续三年持续增长；另外两位头部KOL的贡献率合计不超过20%。因此，如涵控股对张大奕的依赖度很高，并将其视为公司的名片，这也是其负面新闻爆出后对公司造成严重影响的主要原因。虽然该事件的热度逐渐消退，但并没有阻止如涵控股股价下跌的步伐。如果用一句话来形容如涵控股的资本历程，则可以用"成也张大奕，败也张大奕"来概括。

当然，这只是MCN机构面临的问题之一。如果MCN机构对平台流量的依赖度较高，还要面临平台扶持政策改变的风险。比如，在与平台合作的过程中，MCN机构往往会在平台投入大量资源，推广旗下主播与内容产品，而一旦平台取消流量扶持, 机构就有可能无法获取流量, 或者无力承担高昂的流量获取成本。

MCN机构的一个重要功能就是链接商品和流量, 很多MCN机构凭借对流量平台和电商平台的带动作用获得了流量、资金等方面的扶持。但随着电商平台的直播业务逐渐走上正轨, 平台会逐渐压缩对MCN机构的补贴, 导致一大批依赖平台扶持的MCN机构陷入生存困境, 无法获得长久发展。

变现瓶颈: 内容与流量转化之痛

目前在短视频直播领域, 广告变现与直播带货仍然是MCN机构的两种主流盈利模式。

广告变现模式以papi酱的Papitube为代表, 该公司签约了60多名短视频创作者, 覆盖了搞笑、生活、美妆等多个领域, 通过广告变现盈利。直播带货模式以李佳琦的美ONE和薇娅的谦寻文化为代表, 通过签约 "网红" 主播做直播带货变现。无论哪种变现方式都存在弊端, 一旦这条唯一的变现路径被切断, 公司就会陷入被动。所以目前, 拓展变现渠道也是MCN机构面临的一个重要任务。

内容创意：MCN的软肋与痛点

对于MCN机构来说，内容输出是核心竞争力之一，只有利用优质内容获取的高黏性流量才有可能完成变现。

但一方面，在直播带货行业，稳定内容输出的关键在于稳定的主播，而在优质主播流动性极大的当下，MCN机构很有可能面临投入海量资源培养一名超人气主播之后，主播跳槽到其他机构的风险。

另一方面，内容运营模式向着更加专业化、职业化的方向发展，甚至可以实现流水线式的量化生产，这是未来市场发展的走向。面对这种情况，我们不得不担心，精神产品可以量化生产吗？作为内容消费者的用户，能否获得令他们满意的内容呢？同时，平台不断增加对内容创作者的补贴，吸引越来越多的MCN机构入局，这些MCN机构能否生产出精品内容呢？标准化、规格化、类型化、机械复制、大批量、覆盖广的文化，容易让人产生心理依赖，甚至会造成人性异化、审美能力退化等不良后果，但是它可以推动文化企业的市场化生产。

为了持续性变现，MCN需要大量产出创意内容，而规模化和持续性的输出容易使内容陷入套路化和同质化的陷阱，失去新意。在MCN机构演化的过程中，那些在内容创作中保留更多文化理性的MCN往往更容易脱颖而出，因为这样的内容更加稀缺、珍贵。

流量转化：MCN的瓶颈与突破

直播带货主要是凭借低价吸引用户，这些用户对价格非常敏感，一旦直播间失去价格优势，他们就会转投其他直播间。另外，在直播平台，有时一个账号的生命力并不取决于粉丝数量，而是取决于广告完成度。因此，如何在直播带货之余做好广告推广，也就成为MCN机构必须思考的一个问题。

在广告推广方面，很多商家会选择投放短视频。从商家的角度来说，在投放短视频之后，他们不仅关注品牌产品的推广效果，更看重投资回报率。这就表示除了内容质量、账号运营、粉丝契合度等因素，品牌方还非常关注达人的数据表现及MCN机构提供的服务等。

虽然短视频的引流功能比较强大，但由于粉丝黏性较差，带货转化率不高。再加上在选品方面没有形成成熟的机制，在与商家对接时也没有议价权，在获客成本不断攀升的当下，短视频的实际效果并不理想。

　　为了拓展变现渠道，一些MCN机构开始尝试艺人经纪，投入大量资源打造爆款IP。但因为IP孵化的周期比较长，成本比较高，再加上爆款IP的打造属于小概率事件，导致很多MCN机构的艺人经纪中途夭折。但一些头部MCN机构为此倾注了大量资本，吸引了很多优质的达人资源。凭借这些优质的达人资源及强大的综合实力，大批头部MCN机构开始寻求融资机会，获得众多资本的青睐。

自我救赎：MCN机构的转型与谋变

核心壁垒：构筑MCN护城河

目前，淘宝、京东等传统电商平台正在加强内容化建设，而抖音、快手等内容平台正在努力进行电商化建设。无论传统电商平台内容化，还是内容平台电商化，其目的都是构建内容和变现生态，将内容创作和商业价值相匹配。而MCN机构的核心壁垒同样体现在这两个方面。

内容产业化

要实现内容产业化，就要建立成熟的内容运营团队，所以，人才是这一环节的核心。在这一环节，KOL的孵化、运营、留存的能力及对批量账号的管理能力非常重要。KOL的生命周期很短，难以通过单个红人保持长期变现。一个优秀的MCN机构一方面要具备KOL梯队，另一方面要具备孵化机制，同时还要拥有批量账号管理能力。MCN机构在近几年的发展中，签约账号数量不断增长，这就需要MCN公司具备成熟的短视频制作体系，实现模板化、流程化的创作，形成可复制、可定制的个性化作品生产能力。同时，MCN公司还要具备强大的IP运营能力，与平台开展良好的合作。更重要的是，MCN公司要打造自己的专业团队，创作出优秀、高质量的作品，为达人提供风格定位、包装设计、视频制作、作品发布、流量变现的一条龙服务。

在KOL培育方面，MCN公司一般有两种方式，一是签约，二是自主孵化。首先来看签约KOL。MCN机构能在一定程度上把握市场风向，签约KOL有以下好处：一是可以挖掘具有潜力的KOL，与其合作；二是能够借助KOL的知名度扩大自己的市场影响力；三是能进一步扩大自己的内容创作矩阵；四是能提高与品牌主谈判的议价权。而自主孵化KOL相当于自创IP，可以为MCN机构创造品牌壁垒，同时获得高忠诚度的KOL。克劳锐调查的数据显示，大约有50%的MCN机构选择签约KOL的方式来寻找打造爆款IP的机会，从而应对创业寒冬。

商业变现

在供应链上游，MCN机构可以对接商品；在供应链下游，MCN机构可以对接内容分发平台和广告资源。商品供应链是电商变现的一大基础，没有稳定的货源，电商就会面临库存风险，甚至无优质产品可卖。一些MCN机构注重品牌合作，他们希望借此丰富自己的合作资源，强化自己的议价能力；也有一些MCN机构致力于自研品牌，这就需要机构具备一定的实力，例如掌控产品设计、生产、销售的全链路等。

高频率的直播带货对商品和价格都有要求，MCN机构为了应对这些需求，需要将不同类型的商品聚合在一起，形成供应链资源。注重品牌合作的MCN机构也要保证货源供应，注重选品能力，因为这不仅会直接影响带货效果，同时也会影响品牌效应。在供应链构建方面，聚焦不同领域的MCN机构，可以采取不同的路径：

● 以谦寻（薇娅）为代表的服装类MCN机构。服装类MCN机构一般需要与工厂达成合作，这样可以确保供应链效率，高效服务于高频率的直播。同时，高频率的直播可以帮助服装工厂降低库存风险，为消费者带来更多的消费选择。另外，与服装工厂合作，可以确保主播有货可卖，使主播、MCN机构都能获得收益，带动产业各方主体实现共赢。

● 以美ONE（李佳琦）为代表的美妆类MCN机构。美妆类MCN机构主要通过与品牌丰合作来获益。一般来说，这类MCN机构拥有专业的商务谈判团队和选品团队，具备较强的议价能力，可以让新产品实现持续曝光。而品牌方在得到KOL和MCN机构的帮助后，不仅能提升商品销量，同时也能提升品牌知名度，甚至可以引导消费者二次消费。

总之，MCN机构会根据内容形式和自身定位来确定自己的内容分发渠道。

去MCN化：探索新的增量空间

作为内容产业中最重要的一种角色，MCN机构本质上是支撑"网红"的商业组织。与大多数商业组织一样，MCN机构同样要面对所在领域的诸多问题，比如行业变化、商业模式局限、流量突破、变现困境等。在这些问题的压迫下，一些头部MCN机构不得不寻找更多新的发展可能性，借此打破收入"瓶颈"。

谦寻：从主播经纪到超级供应链平台

谦寻在主播经纪方面有核心优势，集中表现在以下几点：拥有丰富的主播资源，拥有成熟的主播运营能力，拥有专业的选品团队，拥有可靠的供应链资源。

但谦寻依然面临诸多挑战，例如，如何应对用户流量越来越贵的问题？如何打破变现模式局限？如何让价值赋能多方？这些问题都亟待解决。

为了解决这些问题，谦寻正在努力"去MCN化"，其角色已经从主播经纪逐渐转变为衔接品牌与主播的超级供应链平台。谦寻利用自身优势打造了一个超级供应链基地，整合了旗下丰富的主播资源、独家专属供应链、强势销售渠道、专业选品团队、强供应链管理能力等。这个超级供应链基地占地面积3.3万平方米，产品覆盖了美妆、服饰、珠宝、家居、母婴、食品、鞋包等多个品类；商品SKU（库存保有单位）上万，并且做了精细划分，以期利用自身资源为更多品牌和行业从业者赋能。

在赋能品牌和行业从业者的过程中，谦寻开拓了新业务，跳出了MCN机构固有的框架，成功实现了"去MCN化"。同时也为整个行业创造了更多价值。

构美：完成"去MCN化"，成为新流量服务商

构美信息科技有限公司成立于2016年，到2019年，该机构主要经历了两个发展阶段：第一阶段是孵化主播，搭建腰部主播体系，同时进军直播、短视频、图文领域，布局淘宝、抖音、微博等平台，吸引流量；第二阶段是实行货端梳理，整合供应链体系。

目前，构美已经进入新阶段，开始将精力放在人与货的精准匹配上。为了打造新流量服务商的概念，它还做出了以下努力：一是深度挖掘线上运营痛点并提供解决方案，二是持续强化数据驱动下的支持服务，三是利用S2B2C[1]方式连接主播和品牌。

另外，构美还与位于杭州的新意法批发市场达成了战略合作，利用直播电商，借助新流量渠道帮助商户实现线上销售和触达用户。在此期间，构美的单场直播销售额达200多万元，单款爆款销售额达100多万元。构美在融资之后成功完成了"去

1　S2B2C是一种全新的电子商务营销模式，是一种将供货商、分销商和采购商三者无缝结合的供销一体化营销模式。——作者注

MCN化"，通过制造新概念和深化新流量服务商的作用，将更多优质服务带给品牌、主播等合作方。

微念：从国民IP到成功跨界的新消费品牌

微念公司成立于2013年，是一家通过孵化与深度整合KOL网络、跨界新消费品牌的公司，成功孵化出包括李子柒在内的多位新文娱KOL，涉及领域包括时尚美妆、美食生活等。

不仅如此，在KOL垂直类基础方面，微念根据不同的发展阶段创建相关品牌，使品牌研发、仓储物流、电商运营等多个环节实现了互联互通。在实现"去MCN化"之后，微念又从国民IP跨界形成了新的消费品牌，通过开展新品牌业务创造更多的商业价值。

时至今日，"去MCN化"已经成为MCN机构发展的新趋势。MCN机构应该努力探索多重身份，而不是只局限于MCN这一张名片。这种新趋势意味着"网红"经济市场的发展路径将会越来越多，如果能将各个行业领域连接起来，就能为整个行业创造更多机会。

MCN产业的未来格局与趋势

资源竞争从单一升级为多维

"网红"、IP等资源是内容产业的战略资源。在跨界融合成为主流趋势的时代背景下，未来，这些战略资源之争将不再仅是MCN机构之间的竞争，互联网平台、明星经纪公司、传统文娱企业等内容产业链各环节的参与者，都将成为MCN机构的有力竞争者。尤其是那些内容生产能力强、变现潜力大的"网红"与IP，更会是各方争夺的焦点。

MCN机构运营将愈加专业化、程序化

随着我国文娱产业不断走向成熟，再加上监管体系逐步完善，整个MCN行业将趋向规范化发展，这对MCN机构的运营能力提出了更高的要求。为了提高运营效率，降低运营成本，MCN机构要不断升级自己的运营管理能力，迈向专业化、程序化运营之路。

而行业发展水平的提升，将使多个MCN机构通过密切合作

进一步提升"网红"及IP价值。同时，大数据的价值也将得到充分体现，第三方数据平台将成为强力赋能者。此外，提高交易效率与规范性的交易平台也将崛起，进一步释放"网红"与IP的商业价值。

垂直领域竞争加剧，差异化成为破局关键

随着MCN产业的市场空间不断扩大，各垂直领域将涌入越来越多的MCN机构，使竞争日趋白热化。未来，缺乏特色定位、内容同质化的"网红"账号将面临淘汰风险。想要在这种情况下破局突围，MCN机构必须释放红人主播的个性，打造特色主播。

MCN走向国际化，内容出海放大商业价值

随着微博、微信、抖音、快手等内容平台纷纷加速国际化布局，再加上越来越多的中国企业走向全球化，推动优质"网红"及IP出海，成为MCN机构扩大市场份额、提高盈利能力的有效手段。

在MCN机构内容出海的过程中，选择爱情、英雄主义、美好生活等具有大众文化与价值观的内容，将更具优势。同时，

面对不同的市场需要采用差异化的变现策略。比如，北美和日韩地区对内容付费意愿较高，优质内容的商业价值可以得到进一步体现；而对东南亚等内容付费不成熟的市场，则更适合采用游戏、广告等变现策略。

5G商用化提速，MCN或将开辟新的内容阵地

未来，5G技术实现大规模商用后，手机等移动端的上网速度将大幅提升，这将推动内容形式、分发渠道、触达方式等发生重大变革，还将培育出新平台、新业态等一系列新生事物。而互联网用户向来"喜新厌旧"，他们很可能会将时间与精力转移到这些新生事物上，为MCN机构开辟新的内容阵地。

MCN机构经过几年时间的快速发展之后，逐渐进入了转型期。为了弱化运营风险，MCN机构要不断提升自己的内容实力与商业化运营能力，逐渐去中心化，利用所掌握的其他资源探索更多增量空间，丰富自身的角色与功能，探索多元化的发展路径。